学习贯彻习近平新时代中国特色社会主义经济思想

做好“十四五”规划编制和发展改革工作

| 系列丛书 |

强化思想引领
谋篇“十四五”发展

丛书编写组 编著

中国计划出版社 中国市场出版社 China Market Press

·北京·

图书在版编目（CIP）数据

强化思想引领 谋篇“十四五”发展 / 学习贯彻习近平新时代中国特色社会主义经济思想 做好“十四五”规划编制和发展改革工作系列丛书编写组编著. -- 北京：中国计划出版社：中国市场出版社有限公司，2020.8
（2020.11重印）
（学习贯彻习近平新时代中国特色社会主义经济思想 做好“十四五”规划编制和发展改革工作系列丛书）
ISBN 978-7-5182-1217-0

Ⅰ. ①强… Ⅱ. ①学… Ⅲ. ①习近平新时代中国特色社会主义思想－学习参考资料②国民经济计划－五年计划－中国－2021-2025－学习参考资料 Ⅳ. ①D610 ②F123.3

中国版本图书馆CIP数据核字(2020)第160088号

强化思想引领 谋篇“十四五”发展

QIANGHUA SIXIANG YINLING MOUPIAN “SHISIWU” FAZHAN

编　　著：丛书编写组
责任编辑：朱　冰　康媛媛
装帧设计：蒋宏工作室

出版发行：中国计划出版社　中国市场出版社
社　　址：北京市西城区木樨地北里甲11号国宏大厦C座3层（100038）
电　　话：（010）63906433（发行部）
网　　址：www. jhpress. com

印　　刷：北京中科印刷有限公司
规　　格：170mm × 240mm　1/16开本
印　　张：20.75　字　　数：227千字
版　　次：2020年8月第1版　印　　次：2020年11月第3次印刷
书　　号：ISBN 978-7-5182-1217-0
定　　价：48.00元

前 言

党的十八大以来，以习近平同志为核心的党中央，坚持观大势、谋全局、干实事，提出了一系列新理念新思想新战略，成功驾驭了我国经济发展大局，推动改革开放和社会主义现代化建设实现历史性变革、取得历史性成就，在实践中形成和不断丰富发展了习近平新时代中国特色社会主义经济思想。

习近平新时代中国特色社会主义经济思想是习近平新时代中国特色社会主义思想的重要组成部分，具有广阔时代背景、长期实践基础和深厚理论渊源，是在中国特色社会主义进入新时代、我国社会主要矛盾发生新转化、经济发展进入新常态、改革开放步入新阶段、世界经历百年未有之大变局的历史条件下形成的，蕴含着坚定的理想信念、鲜明的人民立场、强烈的时代气息、宏大的全球视野，是立足国情、放眼世界、引领未来的指导思想。习近平新时代中国特色社会主义经济思想立意高远、体系严整，与时俱进、博大精深，是马克思主义政治经济学在当代中国、21世纪世界的最新理论成果，深刻总结了我国经济发展的成功经验，系统回答了我国经济发展怎么看、怎么办、怎么干等重大问题，是做好新时代经济工作的理论指南，必须长期坚持并用以指导实现中华民族伟大复兴的历史进程。

习近平总书记强调，编制和实施国民经济和社会发展五年规划，是党治国理政的重要方式。“十四五”时期是我国全面建成小康社会、实现第一个百年奋斗目标之后，乘势而上开启全面建设社会主义现代化国家新征程、向第二个百年奋斗目标进军的第一个五年。五年规划编制涉及经济和社会发展方方面面，同人民群众生产生活息息相关，要开门问策、集思广益，把加强顶层设计和坚持问计于民统一起来，鼓励广大人民群众和社会各界以各种方式为“十四五”建言献策，切实把社会期盼、群众智慧、专家意见、基层经验充分吸收到“十四五”规划编制中来，齐心协力把“十四五”规划编制好。为深入学习贯彻习近平新时代中国特色社会主义经济思想，不断提高发展改革部门运用党的创新理论指导实践的能力，编制好“十四五”规划，统筹推进新冠肺炎疫情防控和经济社会发展，进一步提升发展改革工作质量和水平，我们组织力量编写了《学习贯彻习近平新时代中国特色社会主义经济思想 做好“十四五”规划编制和发展改革工作》系列丛书。本丛书分为总论和分论两部分，总论部分系统阐述习近平新时代中国特色社会主义经济思想对做好发展改革工作的重大指导意义，学习贯彻习近平新时代中国特色社会主义经济思想的认识体会，梳理总结以习近平新时代中国特色社会主义经济思想指导发展改革工作取得的成效，提出以习近平新时代中国特色社会主义经济思想指导做好“十四五”规划编制和发展改革工作的思路方法。分论部分结合发展改革各项中心工作，深入阐述学习贯彻习近平新时代中国特色社会主义经济思想和习近平总书记关于做好经济领域工作重要论述的认识体会，总结实践成效，分析研判形势，提出以习近平新时代中国特色社会主义经济思想指导做好相关规划编制工作的思路方法。本丛书力求做到观点准确、文风简洁，可作为全国参与“十四五”规划编制工作、从事发展改革工作的同志们学习贯彻习近平新时代中国特色社会主义经济思想的重要辅助读物。

发展改革系统的同志们要在学懂弄通做实习近平新时代中国特色社会主义经济思想上下更大功夫，坚持学原文、读原著、悟原理，及时跟进学习习近平总书记重要讲话和指示批示精神，准确把握习近平新时代中国特色社会主义经济思想的理论精髓、科学内涵和实践要求，吃透核心要义和精神实质，领会其重大意义和原创性贡献，做到学思用贯通、知信行统一，推动我国经济社会持续健康发展，为决胜全面建成小康社会，开启全面建设社会主义现代化国家新征程，实现中华民族伟大复兴的中国梦作出应有的努力和贡献。

丛书编写组

2020 年 8 月

目 录

第一章 充分认识习近平新时代中国特色社会主义经济思想对做好发展改革工作的重大指导意义

第二章 学习贯彻习近平新时代中国特色社会主义经济思想的深刻体会

第四章
“十四五”时期我国经济社会发展面临的国际国内形势

第五章
以习近平新时代中国特色社会主义经济思想指导“十四五”规划编制和发展改革工作

第一章

充分认识习近平新时代中国特色社会主义经济思想对做好发展改革工作的重大指导意义

习近平新时代中国特色社会主义经济思想是在2017年中央经济工作会议上首次全面总结和系统阐述的。主要内容是新发展理念，主要内涵是“七个坚持”，即坚持加强党对经济工作的集中统一领导，保证我国经济沿着正确方向发展；坚持以人民为中心的发展思想，贯穿到统筹推进“五位一体”总体布局和协调推进“四个全面”战略布局之中；坚持适应把握引领经济发展新常态，立足大局，把握规律；坚持使市场在资源配置中起决定性作用，更好发挥政府作用，坚决扫除经济发展的体制机制障碍；坚持适应我国经济发展主要矛盾变化完善宏观调控，相机抉择，开准药方，把推进供给侧结构性改革作为经济工作的主线；坚持问题导向部署经济发展新战略，对我国经济社会发展变革产生深远影响；坚持正确工作策略和方法，稳中求进，保持战略定力、坚持底线思维，一步一个脚印向前迈进。新发展理念和“七个坚持”是有机融合、有机统一的整体，体现了理论和实际相结合、战略和战术相一致、认识论和方法论相统一的鲜明特色。习近平新时代中国特色社会主义经济思想是不断丰富和发展的开放体系，2017年中央经济工作会议之后，习近平总书记围绕中国特色社会主义经济建设不断地及时地发表了一系列重要论述，这些最新论述都是习近平新时代中国特色社会主义经济思想的重要内容。

第一节

习近平新时代中国特色社会主义经济思想是习近平新时代中国特色社会主义思想的重要组成部分

习近平新时代中国特色社会主义思想主题鲜明、内涵丰富、思想深邃、博大精深，涵盖经济、政治、法治、科技、文化、教育、民生、民族、宗教、社会、生态文明、国家安全、国防和军队、“一国两制”和祖国统一、统一战线、外交、党的建设等各个方面。习近平新时代中国特色社会主义经济思想作为习近平新时代中国特色社会主义思想的重要组成部分，深刻总结我国经济发展的成功实践和宝贵经验，系统回答了新时代中国特色社会主义经济建设的时代背景、根本立场、政治保障、制度基础、主题主线、发展理念、实现路径、内外关系和工作方法等一系列重大问题，科学指引着全面建成小康社会、全面建设社会主义现代化强国的伟大实践。

一、习近平新时代中国特色社会主义经济思想紧扣社会主要矛盾转化，提出我国经济发展进入新常态新阶段，明确中国经济该怎么看

社会主要矛盾决定党和国家中心任务。新中国成立以来，党围绕解决社会主要矛盾这一重大问题进行了艰辛探索，完成了两次跨越。第一次跨越开始于1956年党的八大，完成于1981年党的十一届六中全会，明确提出“我国所要解决的主要矛盾，是人民日益增长的物质文化需要同落后的社会生产之间的矛盾”。从党的十二大到党的十八大，一直坚持这一论断，并始终致力于推动社会生产力发展。随着中国特色社会主义进入新时代，我国社会生产力水平显著提高，社会主要矛盾也相应发生了深刻变化。习近平总书记在党的十九大上作出“我国社会主要矛盾已经转化为人民日益增长的美好生活需要和不平衡不充分的发展之间的矛盾”的重大判断，实现了关于社会主要矛盾的第二次跨越。我国社会主要矛盾的变化是关系全局的历史性变化，是解决当代中国经济社会发展问题的出发点，对党和国家工作提出了许多新要求。

适应把握引领新常态是当前和今后一个时期做好经济工作的大逻辑。习近平新时代中国特色社会主义经济思想创造性提出我国经济发展进入新常态，经济发展正处于增长速度换挡期、结构调整阵

痛期、前期刺激政策消化期“三期叠加”阶段，深入分析了我国经济发展新常态下增长速度从高速转向中高速，发展方式从规模速度型转向质量效率型，经济结构调整从增量扩能为主转向调整存量、做优增量并举，发展动力从主要依靠资源和低成本劳动力等要素投入转向创新驱动等四大特点，强调经济工作要适应经济发展新常态。经济发展进入新常态是我国经济发展阶段性特征的必然反映，是不以人的意志为转移的客观现实。

不同历史方位有不同的发展重点。习近平新时代中国特色社会主义经济思想创造性提出我国经济已由高速增长阶段转向高质量发展阶段，强调要跨越两大关口，第一个关口是非常规的我国经济发展现阶段特有的关口，特别是要打好防范化解重大风险、精准脱贫、污染防治三大攻坚战，第二个关口是常规性的长期性的关口，就是要大力转变经济发展方式、优化经济结构、转换增长动力。推动高质量发展是保持经济持续健康发展的必然要求，是适应我国社会主要矛盾变化和全面建成小康社会、全面建设社会主义现代化国家的必然要求，是遵循经济规律发展的必然要求。

实践证明，习近平新时代中国特色社会主义经济思想关于“新时代”“新矛盾”“新常态”“新阶段”的重要论述，是关系全局、事关长远的历史性判断，是以习近平同志为核心的党中央运用马克思主义基本原理对中国经济作出的科学阐释，进一步统一了全党全国的思想认识，坚定了全面建成小康社会、建设社会主义现代化强国的信心和决心。

二、习近平新时代中国特色社会主义经济思想坚持以人民为中心的发展思想，全面贯彻新发展理念，明确中国经济该怎么办

思想是实践的引领，理念是行动的先导，发展思想和理念是否对头，从根本上决定着发展成效乃至成败。发展为了人民，是马克思主义政治经济学的根本立场。习近平总书记在党的十八届五中全会上提出以“人民为中心”的发展思想。党的十九大报告将“坚持以人民为中心”确立为新时代坚持和发展中国特色社会主义的基本方略，明确指出“人民是历史的创造者，是决定党和国家前途命运的根本力量。必须坚持人民主体地位，坚持立党为公、执政为民，践行全心全意为人民服务的根本宗旨，把党的群众路线贯彻到治国理政全部活动之中，把人民对美好生活的向往作为奋斗目标，依靠人民创造历史伟业”。以人民为中心的发展思想充分体现了人民是推动发展的根本力量的唯物史观，彰显了马克思主义人民主体地位的内在要求和价值取向。

坚定不移贯彻新发展理念，是关系我国发展全局的一场深刻变革。习近平总书记强调，面对经济社会发展新趋势新机遇和新矛盾新挑战，必须确立新的发展理念，用新的发展理念引领发展行动，要坚定不移贯彻创新、协调、绿色、开放、共享的新发展理念。五大发展理念是内在联系、相互促进、互相贯通的统一集合体，要统

一贯彻，不能顾此失彼，也不能互相替代。创新是引领发展的第一动力，协调是健康发展的内在要求，绿色是永续发展的重要基础，开放是繁荣发展的必由之路，共享是推动发展的根本目的。新发展理念是指挥棒和红绿灯，具有很强的战略性、纲领性、引领性，贯穿经济活动全过程。按照新发展理念推动我国经济社会发展，是当前和今后一个时期我国发展的总要求和大趋势。

实践证明，以人民为中心的发展思想和创新、协调、绿色、开放、共享的新发展理念，牢牢立足我国基本国情，坚持中国特色社会主义道路不动摇，为新时代中国特色社会主义经济建设指明了战略方向，提供了根本遵循。

三、习近平新时代中国特色社会主义经济思想坚持推进供给侧结构性改革，建设现代化经济体系，明确中国经济该怎么干

推进供给侧结构性改革是当前和今后一个时期经济发展和经济工作的主线。习近平总书记在2015年中央经济工作会议上全面阐述了供给侧结构性改革的科学内涵和理论实质，系统部署了推进供给侧结构性改革的顶层设计和任务举措。随着改革不断深入，重点任务从“三去一降一补”到“破”“立”“降”，再到“巩固、增强、提升、畅通”八字方针，供给侧结构性改革的目标和内涵也在不断丰富完善。推进供给侧结构性改革是对我国经济治理思路和政

策工作着力点的重大调整，更是改善我国供给结构、提高经济发展质量的治本之策。

建设现代化经济体系是一篇大文章，既是一个重大理论命题，更是一个重大实践课题。习近平总书记在党的十九大上指出，建设现代化经济体系是跨越关口的迫切要求和我国发展的战略目标。必须坚持质量第一、效益优先，以供给侧结构性改革为主线，推动经济发展质量变革、效率变革、动力变革，提高全要素生产率，着力加快建设实体经济、科技创新、现代金融、人力资源协同发展的产业体系，着力构建市场机制有效、微观主体有活力、宏观调控有度的经济体制，不断增强我国经济创新力和竞争力。建设现代化经济体系涉及经济社会活动各个环节、各个层面、各个领域，只有一体谋划、一体建设、一体推进，才能有效促进发展方式转变、经济结构优化、增长动力转换，推动我国经济发展焕发新活力、迈上新台阶。

第二节

习近平新时代中国特色社会主义经济思想是马克思主义政治经济学在当代中国、21 世纪世界的最新理论成果

实践发展永无止境，我们认识真理、进行理论创新就永无止境。恩格斯指出：“马克思的整个世界观不是教义，而是方法。它提供的不是现成的教条，而是进一步研究的出发点和供这种研究使用的方法。”[1] 面对新的时代特点和实践要求，马克思主义也面临着进一步中国化、时代化、大众化的问题。习近平新时代中国特色社会主义经济思想继承和坚持了马克思主义政治经济学的立场、观点和方法，传承和发展了中国共产党人探索形成的马克思主义经济思

[1]《马克思恩格斯选集》第 4 卷，人民出版社 1995 年版，第 228 页。

想中国化成果，展现和彰显了独具中国特色社会主义的真理光芒，是思想理论的集大成者。

一、习近平新时代中国特色社会主义经济思想是当代中国马克思主义政治经济学的最新成果

马克思主义是立党立国的根本指导思想，坚持马克思主义指导地位在任何时候任何情况下都不能有丝毫动摇。马克思主义政治经济学作为马克思主义的重要组成部分，是坚持和发展马克思主义的必修课。中国共产党历来重视对马克思主义政治经济学的学习、研究与运用，在新民主主义时期创造性地提出了新民主主义经济纲领，在探索社会主义建设道路过程中对发展我国经济提出了社会主义的基本矛盾理论等很多独创性观点。特别是党的十一届三中全会以来，党把马克思主义政治经济学基本原理同改革开放生动实践结合起来，不断丰富和发展马克思主义政治经济学，形成了当代中国马克思主义政治经济学的许多重要理论成果，有力指导了我国经济发展实践。

习近平新时代中国特色社会主义经济思想与马克思主义政治经济学一脉相承，集中体现了马克思主义政治经济学的真理性、实践性、人民性、时代性和开放性特征，对马克思主义关于社会主义本质特征、社会再生产理论、经济增长理论、政治经济学方法论等作出了原创性重大理论贡献。继承和发展了马克思主义的人民

主体性思想，坚持把增进人民福祉、促进人的全面发展，朝着共同富裕方向稳步前进作为经济发展的出发点和落脚点。坚持人民群众是历史创造者的观点，把群众路线作为党的生命线和根本工作路线，把人民对美好生活的向往作为奋斗目标。坚持物质生产是社会生活的基础的观点，指出社会主义的根本任务是解放和发展社会生产力，发展是解决我国一切问题的基础和关键。科学运用马克思主义政治经济学的基本原理，坚持辩证唯物主义和历史唯物主义的世界观方法论，强调增强系统思维、辩证思维和战略思维，强调与中国实际有机结合，为中国特色社会主义经济建设提供了科学思想方法。

与时代同步伐，与人民共命运，是马克思主义永葆生机活力的奥妙所在。今天，时代变化和我国发展的广度和深度远远超出了马克思主义经典作家当时的想象。同时，我国社会主义只有几十年实践，还处在初级阶段，事业越发展新情况新问题就越多，也就越需要我们在实践上大胆探索、在理论上不断突破。习近平新时代中国特色社会主义经济思想在坚持马克思主义立场方法原理的同时，坚持问题导向，聚焦崭新的时代主题，从全局思维和全球视野，审视我国和世界发展，形成了一套科学系统、逻辑严谨，具有中国特色、中国风格、中国气派的理论体系，创造性地回答了马克思主义经典作家未曾涉足、前辈先人未曾预见、西方经济理论无法解决的许多重大理论和实践问题，有效回应了时代发展的关切，为马克思主义政治经济学注入了新内涵、开辟了新境界，成为 21 世纪马克思主义政治经济学创新发展的新高地和新旗帜。

二、习近平新时代中国特色社会主义经济思想继承和发扬了新中国成立以来党探索社会主义经济建设形成的思想精华

实现社会主义现代化是党和国家在社会主义初级阶段的奋斗目标。新中国成立以来，党在总结不同时代特征和国内外现代化建设经验教训的基础上，坚持马克思主义与中国实际相结合，对如何摆脱贫穷落后的面貌、实现社会主义现代化进行不懈追求和探索。以毛泽东同志为主要代表的中国共产党人，把马克思列宁主义基本原理同中国革命具体实践结合起来，创立了毛泽东思想，团结带领全党全国各族人民，经过长期浴血奋斗，完成了新民主主义革命，建立了中华人民共和国，确立了社会主义基本制度，成功实现了中国历史上最深刻最伟大的社会变革，为当代中国一切发展进步奠定了根本政治前提和制度基础。在探索过程中，虽然经历了严重曲折，但党在社会主义革命和建设中取得的独创性理论成果和巨大成就，为在新的历史时期开创中国特色社会主义提供了宝贵经验、理论准备、物质基础。

党的十一届三中全会以后，以邓小平同志为主要代表的中国共产党人，团结带领全党全国各族人民，深刻总结我国社会主义建设正反两方面经验，借鉴世界社会主义历史经验，创立了邓小平理论，作出把党和国家工作中心转移到经济建设上来、实行改革开放

的历史性决策，深刻揭示社会主义本质，确立社会主义初级阶段基本路线，明确提出走自己的路、建设中国特色社会主义，科学回答了建设中国特色社会主义的一系列基本问题，制定了到21世纪中叶分三步走、基本实现社会主义现代化的发展战略，成功开创了中国特色社会主义。

党的十三届四中全会以后，以江泽民同志为主要代表的中国共产党人，团结带领全党全国各族人民，坚持党的基本理论、基本路线，加深了对什么是社会主义、怎样建设社会主义和建设什么样的党、怎样建设党的认识，积累了治党治国新的宝贵经验，形成了“三个代表”重要思想。在国内外形势十分复杂、世界社会主义出现严重曲折的严峻考验面前，捍卫了中国特色社会主义，确立了社会主义市场经济体制的改革目标和基本框架，确立了社会主义初级阶段的基本经济制度和分配制度，开创全面改革开放新局面，推进党的建设新的伟大工程，成功把中国特色社会主义推向21世纪。

党的十六大以后，以胡锦涛同志为主要代表的中国共产党人，团结带领全党全国各族人民，坚持以邓小平理论和“三个代表”重要思想为指导，根据新的发展要求，深刻认识和回答了新形势下实现什么样的发展、怎样发展等重大问题，形成了科学发展观，抓住重要战略机遇期，在全面建设小康社会进程中推进实践创新、理论创新、制度创新，强调坚持以人为本、全面协调可持续发展，形成中国特色社会主义事业总体布局，着力保障和改善民生，促进社会公平正义，推动建设和谐世界，推进党的执政能力建设和先进性建设，成功在新的历史起点上坚持和发展了中国特色社会主义。

党的十八大以来，以习近平同志为核心的党中央团结带领全党全国各族人民，全面审视国际国内新的形势，通过总结实践、展望未来，深刻回答了新时代坚持和发展什么样的中国特色社会主义、怎样坚持和发展中国特色社会主义这个重大时代课题，形成了习近平新时代中国特色社会主义思想，坚持统筹推进“五位一体”总体布局、协调推进“四个全面”战略布局，坚持稳中求进工作总基调，对党和国家各方面工作提出一系列新理念新思想新战略，推动党和国家事业发生历史性变革、取得历史性成就，中国特色社会主义进入了新时代。以习近平同志为核心的党中央聚焦新的时代命题，凝聚新的思想精华，总结开创性独创性的实践经验，用鲜活丰富的当代中国实践推动了马克思主义中国化的发展。坚持以人民为中心、坚持新发展理念、建设社会主义现代化强国、社会主要矛盾发生转化、经济发展进入新常态等新论断、新命题、新理念，蕴含着世界观、认识论、方法论、价值论层面的重大突破，既一脉相承又升华拓展，进一步深化了对共产党执政规律、社会主义建设规律、人类社会发展规律的认识。

三、习近平新时代中国特色社会主义经济思想为推动世界经济发展贡献了中国智慧和中国方案

我国经济发展进程波澜壮阔、成就举世瞩目，体现了对发展中

国家如何走向现代化道路的实践总结和理论创见。在习近平新时代中国特色社会主义经济思想引领下，中国特色社会主义现代化建设取得一系列重大成就，创造了世界发展史上的奇迹，探索出一条符合人民根本利益、适合本国基本国情、具有强大活力和生命力、不同于西方资本主义的现代化道路，打破了发展中国家对西方国家现代化的“路径依赖”，为那些既希望成功走向现代化、又希望保持自身独立性的国家和民族提供了全新选择。

中国离不开世界，世界也离不开中国。当今世界正处于百年未有之大变局，经济面临深度衰退风险，发展鸿沟日益突出，民粹主义、保守主义不断抬头，地区冲突时有发生，全球面临着“世界怎么了、我们怎么办”的普遍困惑。在世界发展何去何从的十字路口，习近平总书记以卓越政治家和战略家的恢弘视野、战略思维，秉持和平、发展、公平、正义、民主、自由的人类共同价值，提出构建人类命运共同体，倡导共商共建共享的全球治理观，发出共建“一带一路”倡议，推动建设持久和平、普遍安全、共同繁荣、开放包容、清洁美丽的世界。这些重要思想，得到国际社会的高度评价和热烈响应，为破解世界经济发展难题，引领全球化朝着正确方向发展，贡献了中国智慧和中国方案。

第三节

习近平新时代中国特色社会主义经济思想是指引我国经济高质量发展、建设社会主义现代化强国的科学行动指南

面对严峻复杂的国内外形势，在习近平新时代中国特色社会主义经济思想的引领下，我们成功克服和战胜了一个个困难挑战，取得了前所未有的历史性成就，创造了世所罕见的经济发展奇迹。习近平新时代中国特色社会主义经济思想是在我国社会主义经济建设的实践创新与理论创新的良性互动中形成的智慧结晶，来源于实践又指导实践，在“实践—理论—实践”的过程中不断螺旋上升，保持着旺盛的生命力和强大的引领力。

一、习近平新时代中国特色社会主义经济思想是对我国经济发展实践的深刻理论总结

纵观人类社会发展的历史，重大理论总是在回答时代之问中创新和发展。中国特色社会主义进入新时代，我国经济发展也进入了新时代，中华民族迎来了从站起来、富起来到强起来的伟大飞跃。面对新时代新要求、新矛盾新任务，习近平总书记统揽全局、高瞻远瞩，立足我国基本国情和经济发展实践，系统总结了我国经济发展的成功经验和规律性认识，全面深刻地回答了我国经济发展的时代之问。习近平新时代中国特色社会主义经济思想的形成，标志着党对中国特色社会主义经济发展规律的认识达到了新高度。习近平新时代中国特色社会主义经济思想是在直面并回答新时代重大经济理论和实践问题中形成的，也必将在我国经济发展新的伟大实践进程中不断创新和丰富发展。

二、习近平新时代中国特色社会主义经济思想是新时代中国共产党人的经济思想旗帜

旗帜就是方向、旗帜就是力量，旗子立起来了，大家才有所指望、知所趋赴。在革命、建设、改革的实践中，中国共产党大力推进马克思主义中国化，先后形成了毛泽东思想、邓小平理论、“三

个代表”重要思想、科学发展观等重大理论创新成果，指引我们夺取一个又一个伟大胜利。今天，中国共产党作为一个拥有 9 100 多万名党员、在有着 14 亿人口的大国长期执政的大党，作为一个立志于千秋伟业的马克思主义政党，要带领全国人民步调一致前进，引领中国号巨轮行稳致远，就必须坚持习近平新时代中国特色社会主义思想这面旗帜，具体到经济工作领域，就是要坚持习近平新时代中国特色社会主义经济思想。这一思想全面系统地提出了新时代经济发展目标、发展动力、发展布局、发展着力点，对破解当今中国的发展难题、增强发展动力、厚植发展优势具有重大指导意义。有了习近平新时代中国特色社会主义经济思想的科学指引，全党全国上下开展经济工作就有了正确的奋斗方向、鲜明的时代标识、统一的思想根基。

三、习近平新时代中国特色社会主义经济思想擘画了到 21 世纪中叶建成社会主义现代化强国的宏伟蓝图

建设社会主义现代化强国，实现中华民族伟大复兴，是中国共产党人孜孜不倦的追求，是近代以来无数中华儿女矢志不渝的奋斗目标。新中国成立以来，中国共产党在不同历史时期，根据时代特征和条件变化、具体国情和发展水平变化，根据人民意愿和事业发展需要，先后提出了“四个现代化”“基本实现现代化”“建成富强民主文明的社会主义国家”等符合客观实际、富有感召力的奋斗目

标。站在新的历史起点上，以习近平同志为核心的党中央综合分析国际国内形势和我国发展条件，对新时代推进社会主义现代化建设作出新的顶层设计，提出从 2020 年到 2035 年，在全面建成小康社会的基础上，再奋斗十五年，基本实现社会主义现代化；从 2035 年到本世纪中叶，在基本实现现代化的基础上，再奋斗十五年，把我国建成富强民主文明和谐美丽的社会主义现代化强国。新时代“两步走”的战略安排，把基本实现现代化的时间比原设想提前了十五年，提出了全面建成社会主义现代化强国这一更高目标，丰富了“两个一百年”奋斗目标的内涵，发出了实现中华民族伟大复兴中国梦的最强音。

第四节

习近平新时代中国特色社会主义经济思想是科学应对重大风险挑战、有效解决重大困难问题的强大思想武器

当前，世界正处于百年未有之大变局，全球治理体系和国际秩序变革加速推进，大国博弈日益激烈，以新冠肺炎疫情为代表的非传统安全事件频发，这些都对我国经济社会发展带来新的冲击。从国内看，我国经济已由高速增长阶段转向高质量发展阶段，长期积累的矛盾与新问题新挑战交织叠加，经济平稳健康发展面临的困难有所增多。面对波谲云诡的国际形势、复杂敏感的周边环境、艰巨繁重的改革发展稳定任务，习近平总书记站在新时代党和国家事业发展全局高度，科学分析发展形势，就防范化解重大风险、解决重大困难问题作出全面部署，为做好各项工作指明了前进方向、提供

了强大思想武器。

一、习近平新时代中国特色社会主义经济思想始终坚持党对经济工作的集中统一领导，确保经济始终沿着正确方向发展

中国特色社会主义最本质的特征是中国共产党领导，党政军民学，东西南北中，党是领导一切的。坚持党对经济工作的集中统一领导，能够充分发挥社会主义集中力量办大事的优势，能够保证人民根本利益，能够有效应对复杂局面和化解重大风险。党的十八大以来，以习近平同志为核心的党中央把方向、谋大局、定政策、促改革，加强党领导经济工作制度化建设，提高党领导经济工作法治化水平，增强党领导经济工作专业化能力，及时制定重大方针、重大战略，作出重大决策，部署重大工作，确保党中央决策部署贯彻落实，保证我国经济沿着正确方向发展，推动中国经济在瞬息万变的国际国内形势中乘风破浪、行稳致远。实践充分证明，坚持党对经济工作的集中统一领导，是确保经济发展正确方向的要害所在、根本所在、命脉所在。

二、习近平新时代中国特色社会主义经济思想始终坚持立足大局遵循经济社会发展规律，促进经济持续健康发展

经济工作有自身不可违背的客观规律。只有自觉认识和更好

遵循经济发展规律，才能不断提高推进改革开放、领导经济社会发展、提高经济发展质量效益的能力和水平。党的十八大以来，以习近平同志为核心的党中央科学认识当前形势，准确研判未来走势，牢牢把握发展大势，不断深化对经济工作的规律性认识，强调必须从长期大势认识当前形势，认清我国长期向好发展前景；必须科学稳健把握宏观政策逆周期调节力度，主动预调微调、强化政策协同，增强微观主体活力，把供给侧结构性改革主线贯穿于宏观调控全过程；必须及时回应社会关切，有针对性主动引导市场预期；必须充分调动各方面积极性，形成全局工作强大合力；必须从系统论出发优化经济治理方式，加强全局观念，在多重目标中寻求动态平衡；必须善于通过改革破除发展面临的体制机制障碍，激活蛰伏的发展潜能，让各类市场主体在科技创新和国内国际市场竞争的第一线奋勇拼搏。实践充分证明，习近平新时代中国特色社会主义经济思想精准把握我国经济发展阶段性特征，立足大局、善观大势，对推动我国经济高质量发展具有重要现实指导意义。

三、习近平新时代中国特色社会主义经济思想始终坚持以改革开放促稳定促发展，通过不断解放和发展社会生产力战胜各种风险挑战

改革开放是决定当代中国命运的关键一招，也是决定实现“两个一百年”奋斗目标、实现中华民族伟大复兴的关键一招。改革开

放只有进行时，没有完成时。党的十八大以来，以习近平同志为核心的党中央高举改革开放旗帜，坚持改革不停顿、开放不止步，以前所未有的决心和力度推进全面深化改革，提出一系列重要论断，作出一系列重大战略部署，啃下了不少硬骨头，闯过了不少急流险滩，改革呈现全面发力、多点突破、蹄疾步稳、纵深推进的局面。坚持对外开放基本国策，推动更大范围、更宽领域、更深层次的全方位高水平开放，不断为经济发展注入新动力、增添新活力、拓展新空间，成为世界经济稳定增长的动力源。实践充分证明，以改革开放破除制约社会生产力发展的各种束缚和障碍，牢牢把握发展的主动权，通过发展解决发展过程中遇到的困难挑战，才能从根本上战胜各种困难挑战。

四、习近平新时代中国特色社会主义经济思想始终坚持底线思维，有效防范和化解经济领域的重大风险和挑战

底线思维是中国共产党治国理政的重要思维方法，只有强化风险意识，主动出手防范化解风险，牢牢守住不发生系统性风险的底线，才能更好推动中国经济行稳致远。党的十八大以来，以习近平同志为核心的党中央坚持稳中求进工作总基调，居安思危、未雨绸缪，始终坚持要一以贯之增强忧患意识、防范风险挑战，牢牢把握工作主动权；始终坚持凡事从最坏处着眼、向最好处努力，打有准备、有把握之仗，主动出手，有效防范和化解金融、房地产、地方

政府债务、能源粮食等领域潜在风险，有力应对中美经贸摩擦以及新冠肺炎疫情冲击；始终坚持辩证看待危与机，指出危和机总是同生并存的，克服了危即是机，要学会利用危机，在应对危机的过程中创造机遇，变外部压力为加快推动经济高质量发展的动力。实践充分证明，坚持底线思维、增强忧患意识，是战胜风险挑战、赢得伟大胜利的重要思想方法、工作方法、领导方法。

党的十八大以来，习近平新时代中国特色社会主义经济思想展现出强大的真理力量、独特的思想魅力、巨大的实践伟力。发展改革部门坚持以习近平新时代中国特色社会主义经济思想为指导，充分发挥宏观管理和经济综合协调部门职责，认真落实党中央和国务院决策部署，不断创新和完善宏观调控，着力分析大趋势、研究大战略、协调大政策、推进大项目，为推动我国经济社会平稳健康可持续发展作出了应有的贡献。当前，面对中国经济发展进入新阶段、世界经济发展面临新转型、世界科技发展酝酿新突破的发展格局，特别是面对新冠肺炎疫情发生以来的国内外复杂形势，发展改革工作面临的挑战更多、肩负的责任更重、承担的使命更大，必须更加自觉地用党的创新理论武装头脑、指导实践、推动工作，坚持稳中求进工作总基调，坚持新发展理念，坚持以供给侧结构性改革为主线，坚持以改革开放为动力推动高质量发展，坚决打好三大攻坚战，扎实做好“六稳”工作，全面落实“六保”任务，坚定实施扩大内需战略，维护经济发展和社会稳定大局，确保完成决战决胜脱贫攻坚目标任务，全面建成小康社会。

面向未来，在习近平新时代中国特色社会主义经济思想的科学引领下，我们必将不断从胜利走向更大胜利，从辉煌走向更大辉煌。编制“十四五”规划和做好发展改革工作，必须始终坚持以习近平新时代中国特色社会主义经济思想为指导，提高战略思维、历史思维、系统思维、辩证思维、创新思维、法治思维、底线思维能力，不断增强工作的科学性、预见性、主动性和创造性，准确识变、科学应变、主动求变，科学研判国内外发展形势，精心谋划重大战略规划、重大政策举措、重大工程项目，努力编制一部符合人民意愿、富有时代特征、开启现代化建设新征程的五年规划，推动发展改革各项工作不断跃上新台阶。

第二章

学习贯彻习近平新时代中国特色社会主义经济思想的深刻体会

当代中国正经历着我国历史上最为广泛而深刻的社会变革，也正在进行着人类历史上最为宏大而独特的实践创新。面对纷繁复杂的国际国内形势和艰巨繁重的经济社会发展任务，做好发展改革工作，必须以高度的政治责任感和历史使命感，深学笃用习近平新时代中国特色社会主义经济思想，深刻理解把握这一思想的科学体系、精神实质、实践要求，把自己摆进去、把职责摆进去、把工作摆进去，提高政治站位、增强过硬本领、指导实践工作，真正做到学思用贯通、知信行统一。

第一节

旗帜鲜明讲政治，坚持和加强党的集中统一领导，是做好发展改革工作的根本政治保证

中国共产党领导是中国特色社会主义最本质的特征，是中国特色社会主义制度的最大优势。习近平总书记指出，党是总揽全局、协调各方的，经济工作是中心工作，党的领导当然要在中心工作中得到充分体现[1]。中国特色社会主义进入新时代，面临的机遇和挑战前所未有，越是形势复杂、任务艰巨，越要发挥党的领导“定海神针”作用。做好发展改革工作，必须把讲政治放在第一位，坚

[1]《在中央经济工作会议上的讲话》（2013 年 12 月 10 日），《习近平关于社会主义经济建设论述摘编》，中央文献出版社 2017 年版，第 318 页。

持和加强党的集中统一领导，不断强化党对发展改革工作的全面领导，增强“四个意识”、坚定“四个自信”、做到“两个维护”，确保发展改革事业始终沿着正确方向前进。

一、必须强化思想引领，用党的创新理论武装头脑、指导实践、推动工作

习近平总书记强调，我们党在中国这样一个有着14亿人口的大国执政，面对十分复杂的国内外环境，肩负繁重的执政使命，如果缺乏理论思维，是难以战胜各种风险和困难的，也是难以不断前进的。这就要求我们加强理论学习。理论创新每前进一步，理论武装就要跟进一步。学习习近平新时代中国特色社会主义思想，要紧密结合新时代新实践，紧密结合思想和工作实际，有针对性地重点学习，多思多想、学深悟透，知其然又知其所以然，在学懂弄通做实上下苦功夫。

做好经济工作必须跟上时代步伐，不能身子进了新时代，思想还停留在过去，看问题、作决策、推工作还是老观念、老套路、老办法。面对世界百年未有之大变局和中华民族伟大复兴的战略全局，要把学习贯彻习近平新时代中国特色社会主义经济思想同学习马克思主义基本原理贯通起来，同学习党史、新中国史、改革开放史、社会主义发展史结合起来，同新时代进行伟大斗争、建设伟大工程、推进伟大事业、实现伟大梦想的丰富实践联系起来，切实增

强贯彻落实的思想自觉和行动自觉。要把习近平新时代中国特色社会主义经济思想作为“指南针”和“定盘星”，在解放思想中统一思想，在深化认识中提高认识，认真研究、准确把握、严格遵循经济社会发展客观规律，提高马克思主义理论水平和实践能力，坚持宏观和微观、国内和国外、战略和战术紧密结合，把谋大事、议大事、抓大事和制定具体政策紧密结合起来，把党的创新理论转化为推进新时代中国特色社会主义伟大事业的实践力量，一锤一锤钉钉子，直到产生实际效果。

发展改革部门坚定不移贯彻落实习近平总书记重要讲话和指示批示精神，坚持把学习贯彻党的创新理论作为思想武装的重中之重，发挥委党组理论学习中心组学习龙头带动作用，创立“周三大讲堂”“求是论坛”“发改书吧思享汇”“青年理论学习小组”等平台载体，自觉主动学、及时跟进学、联系实际学、笃信笃行学，深入领会习近平新时代中国特色社会主义经济思想的重大意义、核心要义、丰富内涵、实践要求，掌握贯穿其中的马克思主义立场、观点、方法，积极谋划推动发展改革工作的思路举措。

进一步做好发展改革工作，要坚持把习近平新时代中国特色社会主义经济思想作为理论遵循和行动指南。一方面，要深学细悟，持续用习近平新时代中国特色社会主义经济思想武装头脑。坚持读原著、学原文、悟原理，坚持全面学、贯通学、深入学，坚持带着信念学、带着感情学、带着使命学，反复学习、研机析理，联系地、系统地、全面地理解掌握其中的内在逻辑和精髓要义，进一步坚定理想信念，切实增进贯彻落实的自觉性和主动性。另一方面，要知行合一，自觉用习近平新时代中国特色社会主义经济思想指导实践、推动工作。将习近平新时代中国特色社会主义经济思想作为推动经济建设及应对重大挑战、抵御重大风险、克服重大阻力、化解重大矛盾的科学指引，根据新形势新任务新要求，不断深化对习近平新时代中国特色社会主义经济思想的理解把握和实践运用，贯彻落实到发展改革工作特别是“十四五”规划编制和执行中，做到在内心中真正认同、在行动中真正坚持。

二、必须坚持制度优势，发挥党总揽全局、把握方向、凝聚力量的作用

习近平总书记指出，能不能驾驭好世界第二大经济体，能不能保持经济社会持续健康发展，从根本上讲取决于党在经济社会发展中的领导核心作用发挥得好不好[1]。经济发展进入新常态，党领导经济工作的观念、体制、方式方法也要与时俱进，必须坚持党的基本理论、基本路线、基本方略不动摇，健全党对重大工作的领导体制，确保党始终总揽全局、协调各方，切实把党领导经济工作的制度优势转化为治理效能。

---

[1]《在党的十八届五中全会第二次全体会议上的讲话》(2015年10月29日)，《求是》2016年第1期。

党总揽全局、把握方向、凝聚力量，领导人民创造了世所罕见的经济快速发展奇迹和社会长期稳定奇迹。特别是党的十八大以来，以习近平同志为核心的党中央不断完善研究经济社会发展战略、定期分析经济形势、研究重大方针政策的工作机制，推动党领导经济社会发展制度化、规范化、程序化，为提高经济发展质量、改善民生福祉、应对风险挑战提供了根本保证。当前，在风云变幻的世界发展大潮中，驾驭好我国经济这艘大船，必须毫不动摇将党的领导作为"主心骨"和"压舱石"，以党的领导来集思广益、凝聚共识、调动各方、形成合力，以政治优势来引领和推动经济社会发展。

发展改革部门坚持和加强党的集中统一领导，不断强化政治机关建设，严格执行加强党的领导、重大事项请示报告、民主集中制、"三重一大"等制度，持续推进中央巡视、中央脱贫攻坚专项巡视等整改落实工作，自觉主动与党中央精神对标对表，建立完善督查落实制度体系，对习近平总书记重要指示批示和党中央、国务院重大决策部署紧盯不放，定期开展指示批示"回头学"、落实情况"回头查"，把"两个维护"体现在履职尽责的行动上、落实到发展改革的工作中。

进一步做好发展改革工作，必须把对党忠诚、为党分忧、为党尽职、为民造福作为根本政治担当，把党领导经济工作的观念、体制、方式方法落到实处。要提高站位，不断增强"两个维护"的政治自觉，始终在思想上政治上行动上同以习近平同志为核心的党中央保持高度一致，一以贯之地维护党中央权威和集中统一领导，自觉站在党和国家事业大局想问题、出主意、干实事、求实效，紧紧围绕贯彻落实党中央决策部署来谋划推进工作，把“两个维护”贯彻体现到起草文件、编制规划、制定政策、推进改革、推动项目等具体工作各方面、全过程，以实际行动维护党中央定于一尊、一锤定音的权威。

三、必须突出组织保障，打造坚强战斗堡垒和高素质专业化干部队伍

习近平总书记指出，我国经济社会发展之所以能够取得世所罕见的巨大成就，我国人民生活水平之所以能够大幅度提升，都同我们坚定不移坚持党的领导、充分发挥各级党组织和全体党员作用是分不开的[1]。党的力量来自组织，党的全面领导、党的全部工作要靠党的坚强组织体系去实现。没有广大党员、干部的积极性和执行力，再好的政策措施也会落空，要加强学习、提高本领，健全正向激励机制，促进干部创造性开展工作。

“欲筑室者，先治其基”，必须发挥好党委（党组）把方向、管大局、保落实的重要作用，对标政治功能强、支部班子强、党员

[1]《习近平在中共中央政治局第十五次集体学习时强调 正确发挥市场作用和政府作用 推动经济社会持续健康发展》，《人民日报》2014 年 5 月 28 日。

队伍强、作用发挥强等要求，坚持抓两头带中间，以组织力提升带动战斗力提升，把基层党组织建设成为坚强有力的战斗堡垒，把党中央提出的重大任务转化为基层的具体工作，抓牢、抓实、抓出成效。“绳短不能汲深井，浅水难以负大舟”，无论是干事创业还是攻坚克难，不仅需要政治过硬，也需要本领高强。面对前所未有的严峻复杂形势，面对艰巨繁重的经济社会发展任务，要把提高治理能力作为新时代干部队伍建设的重大任务，通过加强思想淬炼、政治历练、实践锻炼、专业训练，增强学习新知识、掌握新本领的自觉性和紧迫性，推动政治素养、理论水平、专业能力、实践本领跟上时代发展步伐，严格按照制度履行职责、行使权力、开展工作，围绕敢打硬仗、善打胜仗的目标，锤炼一支忠诚干净担当的高素质专业化干部队伍，为贯彻落实党中央决策部署提供坚实组织保障。

发展改革部门坚持推动党建和业务工作同谋划、同部署、同落实、同检查，牢固树立大抓基层的鲜明导向，以提升组织力为重点，严格“三会一课”等各项组织制度，不断优化机构设置和职能配置，规范基层党组织设置，创新基层组织建设方式，开展党支部标准化规范化建设试点，精准施策加强党支部管理，对党员干部实施网格化教育管理和监督，提高机关党支部建设质量。把干部队伍建设作为管根本、管长远的大事来抓，树立正确选人用人导向，选准配强领导班子和干部队伍，持续拓展轮岗交流的广度和深度，把从严管理贯彻到干部队伍建设全过程，完善规范管理制度，激励干部更好贯彻落实党中央决策部署。围绕当好党中央、国务院参谋助手，加强政治和业务培训，持续提高理论水平和履职能力，增强斗争精神和斗争本领。

进一步做好发展改革工作，必须充分发挥各级党组织坚强战斗堡垒作用，努力建设信念坚定、为民服务、勤政务实、敢于担当、清正廉洁的干部队伍。一方面，要着力推动基层党组织全面进步、全面过硬。牢固树立党的一切工作到支部的鲜明导向，认真贯彻执行党组工作条例、基层组织工作条例和支部工作条例，健全包括组织设置、组织生活、组织运行、组织管理、组织监督等在内的完整组织制度体系，牵住责任制这个“牛鼻子”，不断完善党组书记负总责、分管领导分工负责、机关党委推进落实、各基层党组织书记“一岗双责”的党建工作责任体系，形成一级抓一级、层层抓落实的工作格局，深入推进支部标准化规范化建设，充分发挥党支部直接教育、管理、监督党员和组织、宣传、凝聚、服务群众的作用，不断提高各级党组织的政治领导力、思想引领力、群众组织力、社会号召力，努力建设讲政治、守纪律、负责任、有效率的模范机关。另一方面，要着力加强发展改革干部队伍建设。带上“望远镜”“显微镜”，近距离接触、多角度考察干部，注重培养选拔政治强、懂专业、善治理、敢担当、作风正的干部，特别是在重大任务和风险挑战中考察、选拔干部，激励干部担当作为。安排干部深度参与统筹推进疫情防控和经济社会发展、打好三大攻坚战、做好“六稳”“六保”等工作，强化实践磨炼，让干部在推动实施重大战略、重大规划、重大改革、重大工程项目中经风雨、见世面、壮筋骨、长才干，在“热锅蚂蚁”的经历中提升应对复杂局面的能力。创新教育培训方式，积极推动分类施训、因需施训、精准施训，充分利用好各类学习平台作用，增强干部队伍适应形势变化和发展要求的能力。

四、必须注重正风肃纪，营造干事创业的良好氛围

习近平总书记指出，打铁必须自身硬。办好中国的事情，关键在党，关键在坚持党要管党、全面从严治党。[1] 全面从严治党既是政治保障，也是政治引领，做好经济工作，要把全面从严治党要求体现在党领导经济工作之中。

党面临的“四大考验”是长期的、复杂的，“四种危险”是尖锐的、严峻的，全面从严治党永远在路上，党风廉政建设和作风建设是攻坚战、持久战。党面临的形势越复杂、肩负的任务越艰巨，越要把纪律和规矩挺在前面，着力维护党纪严肃性，完善和落实管党治党各项制度，不断推进权力运行科学化规范化阳光化，把好用权“方向盘”，系好廉洁“安全带”，以严的精神、实的作风推进各项工作。对违规违纪、破坏制度踩“红线”、越“底线”、闯“雷区”的行为，从严查处、严肃问责、及时通报，使纪律真正成

[1]《在庆祝改革开放 40 周年大会上的讲话》，《人民日报》2018 年 12 月 19 日。

为带电的“高压线”，让党员干部知敬畏、存戒惧、守底线。

发展改革部门必须持之以恒深化党风廉政建设和作风建设，压紧压实“两个责任”，坚持教育和惩处并重、建章立制和严格监督结合，经常性开展廉政提醒和警示教育，强化对权力运行的制约和监督，加强廉政高风险岗位防控，强化对“关键少数”的重点监管，严肃执纪审查，保持惩治腐败高压态势，一体推进不敢腐、不能腐、不想腐。同时，严格贯彻执行中央八项规定及其实施细则精神，深入查找整治作风问题，坚决反对“四风”特别是形式主义、官僚主义，下大力气解决层层加重基层负担、文山会海突出、督查检查考核过多过频等问题，驰而不息改进作风。

进一步做好发展改革工作，必须强化管党治党政治责任，以正视问题的勇气和刀刃向内的自觉不断推进党的自我革命。一方面，要强化作风建设，驰而不息纠“四风”树新风。坚持人民至上，想问题、作决策、办事情都从人民利益出发，解决人民群众最关心最直接最现实的利益问题。崇尚实干、力戒空谈，大兴调查研究之风、加强督查检查、狠抓政策效果，善于从基层实践和群众智慧中找到解决问题的“金钥匙”，提升各项政策举措的针对性和实效性。坚决落实中央八项规定及其实施细则精神，杜绝形形色色的形式主义、官僚主义，防止“四风”问题反弹回潮。另一方面，要强化纪律建设，积极营造风清气正的政治生态。用好党章、准则、条例、规定等管党治党制度利器，完善党委（党组）落实全面从严治党主体责任的制度，强化制度执行，防止硬约束变成“橡皮筋”、

“长效”变成“无效”。进一步完善权力运行制约和监督机制，严控“自由裁量权”。落实高风险岗位干部轮岗交流制度，强化对“关键少数”和权力、资金、资源集中岗位的重点监督。坚持抓早抓小，加强经常性纪律和廉政教育，对苗头性倾向性潜在性问题及时预警、及时干预、及时化解。坚持无禁区、全覆盖、零容忍，坚持重遏制、强高压、长震慑，加大执纪审查工作力度，坚决查处不收敛不收手的问题。坚持严管和厚爱结合、激励和约束并重，教育引导发展改革部门干部不忘初心、牢记使命，切实做到忠诚干净担当。

第二节

坚持以人民为中心的发展思想，不断满足人民日益增长的美好生活需要，是做好发展改革工作的根本出发点和落脚点

人民性是习近平新时代中国特色社会主义思想最突出的本质特征和最鲜明的理论品格。为政之道，以顺民心为本，以厚民生为本。民生是人民幸福之基、社会和谐之本，搞建设、抓改革，都是为了让人民过上幸福生活。做好发展改革工作，必须坚持以人民为中心的发展思想，坚持发展为了人民、发展依靠人民、发展成果由人民共享，以增进民生福祉为发展的根本目的，不断保障和改善民生，让人民真真切切感受到发展成果。

一、必须紧紧抓住人民群众最关心最直接最现实的利益问题

习近平总书记强调，人民利益是我们党一切工作的根本出发点和落脚点。民之所盼，政之所向，要把人民群众的小事当作我们的大事，从人民群众关心的事情做起，从让人民满意的事情抓起。要始终把人民安居乐业、安危冷暖放在心上，用心用情用力解决群众关心的就业、教育、社保、医疗、住房、养老、食品安全、社会治安等实际问题，一件一件抓落实，一年接着一年干，努力让群众看到变化、得到实惠。

人民对美好生活的向往，就是我们的奋斗目标。增进人民福祉、促进人的全面发展是中国共产党立党为公、执政为民的本质要求。具体来看，就业是最大的民生，在当前就业总量压力较大，劳动力供需不匹配的结构性矛盾仍然突出的情况下，提高就业质量、稳住就业能够为改革发展稳定提供更充足的回旋空间。收入分配是民生之源，构建合理有序的收入分配新格局，不断提高人民收入水平，对于充分调动广大劳动者和要素所有者的积极性和创造性，加快转变经济发展方式具有重要意义，要实现居民收入增长和经济发展同步，劳动报酬增长和劳动生产率提高同步。社会保障是社会发展的稳定器，全面建成覆盖全民、城乡统筹、权责清晰、保障适度、可持续的多层次社会保障体系，是新时代做好社会保障工作的

基本方向。教育是民族振兴和社会进步的基石，全党全国全社会都要为加快推进教育现代化、建设教育强国、办好人民满意的教育而努力。人民健康是民族昌盛和国家富强的重要标志，党始终把人民群众生命安全和身体健康放在第一位。在新冠肺炎疫情防控中，始终坚持人民至上、生命至上，调集全国最优秀的医生、最先进的设备、最急需的资源，全力以赴投入疫病救治，最大程度提高了检测率、治愈率，最大程度降低了感染率、病亡率，不惜一切代价保护人民生命安全和身体健康。

发展改革部门深入贯彻以人民为中心的发展思想，坚持发展为了人民、发展依靠人民、发展成果由人民共享。不断深化收入分配制度改革，推动教育、医药卫生、文化体制改革等取得积极进展。加大对改善民生投资项目的支持力度，促进公共服务补短板、强弱项、提质量。压茬推进脱贫攻坚与乡村振兴，持续改善农业转移人口、农村居民、建档立卡贫困户基本生活。不断完善文化体育、健康养老等幸福产业支持政策，更好满足城乡居民美好生活需要。

进一步做好发展改革工作，要牢牢扭住突出民生难题，注重加强普惠性、基础性、兜底性民生建设，在幼有所育、学有所教、劳有所得、病有所医、老有所养、住有所居、弱有所扶等方面不断取得新进展。要健全有利于更充分更高质量就业的促进机制，构建服务全民终身学习的教育体系，完善覆盖全民的社会保障体系，强化提高人民健康水平的制度保障，建立解决相对贫困的长效机制，切实保障群众基本生活，满足人民多层次多样化需求。

二、必须坚持尽力而为量力而行的原则

习近平总书记指出，民生工作直接同老百姓见面、对账，来不得半点虚假，既要积极而为，又要量力而行，承诺了的就要兑现[1]。保障和改善民生，是维护和实现社会公平正义、解决经济社会发展不平衡和影响社会和谐安定问题的关键，既要以最大努力提高人民生活水平，也要实事求是、量力而行。只有处理好尽力而为与量力而行的关系，民生工作才能蹄疾步稳，不断进步。

人民生活的物质基础是经济发展，脱离经济发展实际的民生改善是无源之水、无木之木。一方面，要千方百计谋民生之利，多措并举解民生之忧，制定好惠民政策，实施好民心工程，让改革发展成果更多更公平地惠及城乡居民。另一方面，不能脱离社会主义初级阶段这个基本国情，不要做过多过高的承诺，不可以开“空头支票”，而应坚守底线、突出重点、完善制度、引导预期，根据经济发展和财力状况逐步提高人民生活水平，可持续地保障群众的基本生活。

发展改革部门在落实党中央关于打赢脱贫攻坚战的重大决策部署时，就充分体现了尽力而为、量力而行的原则。为了实现

[1]《习近平在部分省区党委主要负责同志座谈会上强调 加大支持力度增强内生动力 加快东北老工业基地振兴发展》，《人民日报》2015 年 7 月 20 日。

现行标准下农村贫困人口全部脱贫、贫困县全部摘帽，区域性整体贫困问题总体上得到解决，各级发展改革部门勠力同心、勇于担当，按照党中央要求，谋划和实施了“五个一批”工程，推动脱贫攻坚取得举世瞩目的历史性成就。同时，聚焦“两不愁三保障”，以扶持对象精准、项目安排精准、资金使用精准、措施到户精准、因村派人精准、脱贫成效精准为标准，做到精准扶贫、精准脱贫，而不是漫无边际、泛化福利，更不是“手榴弹炸跳蚤”，体现了对发展阶段的准确把握，展现了尽力而为、量力而行的务实作风。

进一步做好发展改革工作，要以对人民高度负责的精神，充分发挥主观能动性，在民生问题上全力以赴、不遗余力，做到尽力保障、尽力安排、尽量满足，确保各项惠民举措落细落实。要突出重点，问需于民、问计于民，从群众急需急盼入手，担当作为、主动谋划，以钉钉子精神逐步破除阻碍保障民生的各种瓶颈和障碍。要坚持从实际出发，制定政策不仅要解决有没有，更要考虑行不行、需要不需要、可不可持续，让民生水平在发展中不断完善、稳步提升。

三、必须秉承共建共治共享的理念

习近平总书记在党的十九大报告中对新时代社会治理作出深刻论述，提出要打造共建共治共享的社会治理格局。党的十九届四中全会强调，要建设人人有责、人人尽责、人人享有的社会治理共同体，确保人民安居乐业、社会安定有序。打造新时代共建共治共享的社会治理格局，必须坚持人民主体地位，主动回应群众所需所盼所急，充分发动群众广泛参与，让群众在共建共治共享中有更多获得感、幸福感、安全感。

做好民生工作、推进社会治理现代化，必须坚持共建共治共享理念。共建是基础，要突出制度和体系建设在社会治理格局中的基础性、战略性地位。共治是关键，要树立大社会观、大治理观，将党总揽全局、协调各方的政治优势同政府的资源整合优势、企业的市场竞争优势、社会组织的群众动员优势有机结合起来。共享是目标，要使社会治理的成效更多、更公平地惠及全体人民。

发展改革部门不断探索创新，逐步形成了民生领域共建共治共享的工作思路，鼓励引导社会力量参与，扩大公共服务有效供给，推动非基本公共服务市场化、多元化、优质化。在多方参与、共建共享中，普惠养老城企联动、支持社会力量发展普惠托育服务、家政服务业提质扩容“领跑者”、国家产教融合建设试点等专项行动和实施方案，充分调动了市场和社会力量，为广大群众提供了更多服务选项。

进一步做好发展改革工作，要千方百计调动人民参与社会建设的积极性，充分发扬民主，广泛汇聚民智，最大激发民力，为广大人民有序参与制度建设提供机制保障。要打造全民共同参与的开放治理体系，引导公众积极参与社会治理，不断提高社会治理社会化、法治化、智能化、专业化水平。要落实共享理念，在全民共享、全面共享、共建共享、渐进共享中，不断实现好、维护好、发展好最广大人民的根本利益。

第三节

坚定不移贯彻新发展理念，加快推动高质量发展，是做好发展改革工作的根本理念先导

习近平总书记指出，发展理念是发展行动的先导，是管全局、管根本、管方向、管长远的东西，是发展思路、发展方向、发展着力点的集中体现[1]。做好发展改革工作，必须坚定不移贯彻创新、协调、绿色、开放、共享的新发展理念，加快推动高质量发展。

[1]《关于〈中共中央关于制定国民经济和社会发展第十三个五年规划的建议〉的说明》，《人民日报》2015 年 11 月 4 日。

一、必须紧紧围绕发展新特征确定主攻方向

党的十八大以来，习近平总书记对我国经济发展的新特征作出一系列重大判断。2013 年，提出我国经济发展正处于增长速度换挡期、结构调整阵痛期和前期刺激政策消化期的“三期叠加”阶段。2014 年，提出我国经济发展进入新常态。针对我国发展中的突出矛盾和问题，习近平总书记在党的十八届五中全会上提出，要树立和坚持创新、协调、绿色、开放、共享的新发展理念，深刻揭示了实现更高质量、更有效率、更加公平、更可持续发展的必由之路。在党的十九大上，习近平总书记进一步明确，把坚持新发展理念作为新时代坚持和发展中国特色社会主义的基本方略，强调发展必须是科学发展，必须坚定不移贯彻创新、协调、绿色、开放、共享的新发展理念。

新发展理念，是在深刻总结国内外发展经验教训、深刻分析国内外发展大势的基础上形成的。创新发展注重的是解决发展动力问题。我国创新能力不强，科技发展水平总体不高，科技对经济社会发展的支撑能力不足，科技对经济增长的贡献率低于发达国家水平，这是我国这个经济大个头的“阿喀琉斯之踵”。崇尚创新，就是要把创新作为引领发展的第一动力，推动全面创新，形成高质量、多层次、宽领域的有效供给体系，让创新在全社会蔚然成风。协调发展注重的是解决发展不平衡问题。我国发展不协调是一

个长期存在的问题，突出表现在区域、城乡、经济和社会、物质文明和精神文明、经济建设和国防建设等关系上。注重协调，就是要促进新型工业化、信息化、城镇化、农业现代化同步发展、深度融合，优化城乡区域结构，更加注重通过补齐短板挖掘潜力，不断增强发展的整体性。绿色发展注重的是解决人与自然和谐问题。我国资源约束趋紧、环境污染严重、生态系统退化的问题十分严峻，人民群众对清新空气、干净饮水、安全食品、优美环境的要求越来越强烈。倡导绿色，就是要推进绿色低碳循环发展，倒逼产业转型升级，促进传统产业清洁生产、绿色改造，走出一条绿色发展的新路。开放发展注重的是解决发展内外联动问题。我国对外开放水平总体上还不够高，用好国内国际两个市场、两种资源的能力还不够强，运用国际经贸规则的本领也不够强，需要加快弥补。厚植开放，就是要构建全方位开放新格局，以共建“一带一路”为统领，提高对外开放水平，积极参与全球经济治理和公共产品供给，以开放促创新、促改革、促发展。共享发展注重的是解决社会公平正义问题。我国经济发展的“蛋糕”不断做大，但分配不公问题比较突出，收入差距、城乡区域公共服务水平差距较大。推进共享，就是要坚持发展为了人民、发展依靠人民、发展成果由人民共享，使经济社会发展更可持续更加健康，营造各尽其能、各得其所、和谐相处的良好社会氛围。新发展理念与高质量发展是内在统一的。高质量发展，是能够很好满足人民日益增长的美好生活需要的发展，是体现新发展理念的发展，是创新成为第一动力、协调成为内生特点、绿色成为普遍形态、开放成为必由之路、共享成为根本目的的发展。

进一步做好发展改革工作，必须紧扣新发展理念和推动高质量发展的要求，把注意力集中到解决各种不平衡不充分的问题上来，决不能再回到简单以国内生产总值增长率论英雄的老路上去，决不能再回到以破坏环境为代价搞所谓发展的做法上去，更不能再回到粗放式发展的模式上去，要坚持质量第一、效益优先，努力实现更高质量、更有效率、更加公平、更可持续、更为安全的发展。

二、必须遵循社会主义建设规律完善顶层设计

基于对我国改革开放和社会主义现代化建设伟大实践，特别是党的十八大以来新的发展改革探索和实践的总结提炼，适应我国经济已经由高速增长阶段转向高质量发展阶段的实际情况，习近平总书记将马克思主义基本原理同新时代中国具体实际相结合，开创性地提出了新发展理念、推动高质量发展，为做好经济社会发展顶层设计提供了理论指导。

新发展理念和高质量发展进一步科学回答了实现什么样的发展、怎样实现发展的问题，适应了形势新变化、实践新要求和人民新期待，具有很强的战略性、纲领性、引领性。坚持创新发展、协调发展、绿色发展、开放发展、共享发展，是关系我国发展全局的一场深刻变革。这五大发展理念相互贯通、相互促进，是具有内在

联系的集合体，要统一贯彻，不能顾此失彼，也不能相互替代。哪一个发展理念贯彻不到位，发展进程都会受到影响。做好顶层设计要注重整体性和关联性，做到相互促进、齐头并进，不能单打独斗、顾此失彼，不能偏执一方、畸轻畸重。特别是要牢牢立足我国仍处于并将长期处于社会主义初级阶段的基本国情，既不落后于时代，也不能超越阶段，要适应生产力发展新特征来完善生产关系的顶层设计。

进一步做好发展改革工作，要遵循对立统一规律、质量互变规律、否定之否定规律，善于把握发展的普遍性和特殊性、渐进性和飞跃性、前进性和曲折性，坚持继承和创新相统一，既求真务实、稳扎稳打，又与时俱进、敢闯敢拼，既要统筹兼顾、发挥好指标体系的导向作用，又要结合实际、抓好顶层设计的贯彻落实。

三、必须聚焦阶段性重大战略目标细化政策举措

党的十八大以来，习近平总书记提出了全面建成小康社会新的目标要求，并在全面建成小康社会的基础上，提出分两步走全面建成社会主义现代化强国，到2035年基本实现社会主义现代化，到本世纪中叶把我国建成富强民主文明和谐美丽的社会主义现代化强国。如期实现“两个一百年”奋斗目标、实现中华民族伟大复兴的中国梦，必须坚持新发展理念，牢牢把握高质量发展要求，聚焦阶

段性重大战略目标来细化工作任务和政策举措，努力跨越非常规的阶段性关口和常规的长期性关口，稳扎稳打、步步为营，锲而不舍、久久为功。

如期实现第一个百年奋斗目标，要跨越非常规的阶段性关口。全面建成小康社会，是惠及全体人民、“一个都不能少”的全面，是经济建设、政治建设、文化建设、社会建设、生态文明建设“五位一体”的全面，又是实事求是、因地制宜的全面。全面建成小康社会，既要坚持一定标准，又要防止好高骛远；既要考虑当前，又要立足于打基础、谋长远、见成效。这就要求必须坚持新发展理念，推动高质量发展，着力打好防范化解重大风险、精准脱贫、污染防治三大攻坚战，补短板强弱项，为决胜全面建成小康社会奠定坚实基础。

努力实现第二个百年奋斗目标，要跨越常规的长期性关口。党的十九大提出的“两步走”战略目标，把基本实现现代化的时间提前了十五年，并提出全面建成社会主义现代化强国的更高目标，丰富了“两个一百年”奋斗目标的内涵。这就要求聚焦战略目标，勇于推进改革创新，加快转变经济发展方式、优化经济结构、转换增长动力，在新的历史起点上努力开创经济社会发展新局面。着眼“十四五”时期，要把新发展理念和推动高质量发展融入现代化新征程的战略目标中，完善体制机制，细化政策举措，保障国家经济、产业、技术安全，促进形成强大国内市场，努力实现更高水平、更可持续的供需动态均衡、良性循环。

第四节

坚持稳中求进工作总基调，持续加强和改善宏观调控，是做好发展改革工作的中心任务

党的十八大以来，面对错综复杂的国际环境和艰巨繁重的国内改革发展稳定任务，以习近平同志为核心的党中央始终保持战略定力，坚持稳中求进工作总基调，统筹推进稳增长、促改革、调结构、惠民生、防风险、保稳定，在区间调控的基础上加强定向调控、相机调控、精准调控，保持经济平稳健康发展。做好发展改革工作，要科学把握习近平新时代中国特色社会主义经济思想对宏观调控提出的新要求，适应我国经济发展主要矛盾变化，着力创新和完善宏观调控。

一、必须正确处理好经济发展中稳和进的关系

习近平总书记强调，稳中求进工作总基调是治国理政的重要原则，也是做好经济工作的方法论。稳和进有机统一、相互促进，稳的重点要放在稳住经济运行上，经济社会平稳才能为调整经济结构和深化改革开放创造稳定的宏观环境，进的重点要放在调整经济结构和深化改革开放上，调整经济结构和深化改革开放取得实质性进展，才能为经济社会平稳运行创造良好预期。

稳是进的前提，进是稳的保障。坚持稳中求进，必须坚持稳字当头，保持宏观政策的连续性稳定性，确保增长、就业、物价不出现大的波动，着力防范化解重大风险，保持经济持续健康发展和社会大局稳定。坚持稳中求进，必须在稳的前提下在关键领域有所进取，在把握好度的前提下奋发有为，要抓住和用好重要战略机遇期，在转变经济发展方式上取得新进展，在深化改革上取得新突破，在保障和改善民生上取得新成效，牢牢把握发展主动权。

发展改革部门认真贯彻落实稳中求进工作总基调，保持宏观政策连续性稳定性，有力有效实施逆周期调节，更好发挥投资补短板的关键作用，大力落实促消费政策措施，完善落实区域政策，扎实做好保供稳价和煤电油气运调节工作，促进经济平稳健康发展。同时，不断强化改革创新，落实供给侧结构性改革重点任务，打造市场化法治化国际化营商环境，推动国有企业混合所有制改革、电力

市场化改革等重大基础性关键性改革，深入推进投融资和价格体制机制改革，有效激发市场活力和创造力，推动发展质量和效益进一步提升。

进一步做好发展改革工作，必须正确处理好经济发展中稳和进的关系，以稳求进、以进促稳，形成稳和进的良性互动，推动经济社会持续向前发展。当前和今后一个时期，要强化底线思维，统筹推进疫情防控和经济社会发展工作，稳扎稳打，扎实做好“六稳”工作，全面落实“六保”任务，加快补齐公共卫生等领域短板，筑牢保的底线，谋好稳的大局，释放进的动力，确保完成决战决胜脱贫攻坚目标任务，实现全面建成小康社会奋斗目标。

二、必须把握好宏观调控的方向、时机、力度、节奏

习近平总书记强调，推进各项工作，看问题、想对策、抓落实，都要审时度势、深思熟虑、尊重规律，既反对消极应付、不思进取，又反对冲动蛮干、急于求成，该稳的要稳住，该进的要进取，把握好工作节奏和力度。

科学有效有度的宏观调控，是实现经济社会平稳健康发展的重要保障，是完善社会主义市场经济体制、推进国家治理体系和治理能力现代化的客观要求，是习近平新时代中国特色社会主义经济思想的重要组成部分。要注重靶向治疗，明确宏观调控的方向和重点，坚持区间调控、实施定向调控。要坚持灵活适度，把握宏观调

控的时机和节奏，密切关注国内外经济环境和形势的变化，制定不同的政策预案，选择好政策时点，适时进行预调微调。要加强政策协调，打好政策“组合拳”，形成宏观调控的整体合力，把我国发展的巨大潜力和强大动能充分释放出来。要狠抓贯彻落实，明确时间表、路线图，细化责任分工，强化宏观调控的实际效果。

进一步做好发展改革工作，必须在把握好宏观调控的方向、时机、力度、节奏方面下功夫。要创新实施调控方式方法，抓住重点领域和关键环节，坚决不搞“大水漫灌”式强刺激，有针对性地实施“喷灌”“滴灌”，补牢经济中相对薄弱的环节，促进经济结构调整优化，推进经济发展动力加快转换。要健全以国家发展规划为战略导向，以财政政策和货币政策为主要手段，就业、产业、投资、消费、区域等政策协同发力的宏观调控制度体系，努力实现政策手段运用机制化，打好统筹兼顾、各有侧重、相互配合的政策组合拳，形成调控合力，避免政策效力过度叠加或相互抵消。要把抓落实放在更加突出的位置，强化督查机制，下大力气疏通政策传导机制，切实做好政策出台前研究评估、执行中监测评估、发现问题后纠偏整改、实施完成后评估评价等工作，加大政策落实力度，提高宏观调控实效。

三、必须着力提高宏观调控前瞻性、针对性、有效性

习近平总书记强调，要坚持稳字当头，坚持宏观政策要稳、微

观政策要活、社会政策要托底的政策框架，提高宏观调控的前瞻性、针对性、有效性。

创新和完善宏观调控，提高宏观调控的前瞻性、针对性、有效性，是贯彻落实习近平新时代中国特色社会主义经济思想的必然要求，对于完善社会主义市场经济体制、推动经济高质量发展具有十分重要的意义。必须发挥国家发展规划的战略导向作用，科学编制并有效实施国家发展规划，阐明建设社会主义现代化强国奋斗目标在规划期内的战略部署和具体安排，引导公共资源配置方向，规范市场主体行为，保持国家战略连续性稳定性，集中力量办大事，确保一张蓝图绘到底。必须强化经济监测分析研判，坚持用马克思主义的基本立场、观点和方法，善用马克思主义政治经济学基本理论和分析工具，努力把握经济形势分析工作的规律，历史、客观、全面、辩证地分析和研究经济运行的环境、条件、现状和趋势，完善宏观调控跨周期设计和调节，实现稳增长与防风险长期均衡。必须更加注重引导市场行为和社会心理预期，善于把握消费和投资行为背后的市场预期和社会心理，考虑市场主体行为特点，加强同市场行为主体的沟通融合，加强国际宏观经济政策协调，合理引导市场预期，增强发展信心。

发展改革部门以组织编制和推动落实国家发展规划为抓手，高质量谋划、起草、实施、评估国家发展规划，着力加强年度计划与国家发展规划的衔接，保持调控措施与长期目标相一致，不断提高宏观调控的前瞻性。加强经济监测预测预警分析，系统化精准化充实政策储备“工具箱”，不断提高宏观调控的针对性。加强宏观调控预期管理，做好与市场主体的及时沟通，做好信息发布和政策解读，稳定市场主体生产经营、消费信心，不断提高宏观调控的有效性。

进一步做好发展改革工作，要完善国家重大发展战略和中长期经济社会发展规划制度，增强重大战略和中长期规划对公共预算、国土开发、资源配置等政策措施的宏观引导、统筹协调功能，强化国家发展规划的统领作用、空间规划的基础作用、专项规划和区域规划的支撑作用，加强各类各级规划衔接协调，强化国家战略在各个层面的统一落实。完善国民经济和社会发展计划编制和执行机制，进一步加强年度计划与发展规划的衔接，科学确定目标指标，增强年度计划的宏观导向作用。要围绕制约经济社会发展的深层次矛盾和问题，统筹当前与长远、国内与国外、宏观与微观，及时研判经济走势和苗头性倾向性潜在性问题，加强政策预研储备工作，牢牢把握经济工作主动权。完善政策分析评估机制，对政策背景、力度、效果和可能产生的影响进行分析和测算，开展重大政策的综合评估和统筹协调。要完善预期管理体系，加强预期管理与发展规划及其他宏观调控政策的有机结合，充分开发和利用各种预期管理工具，跟踪市场预期变化及时做好政策调整和沟通工作，增强政策透明度和可预期性，提高预期管理的前瞻性和实效性。

第五节

适应把握引领经济发展新常态，不断深化供给侧结构性改革，是做好发展改革工作的主线

党的十八大以来，以习近平同志为核心的党中央作出经济发展进入新常态的重大判断，把认识、适应、引领新常态作为我国经济发展的大逻辑，形成以新发展理念为指导、以供给侧结构性改革为主线的政策框架，引领我国经济平稳健康发展。做好发展改革工作，必须坚持以提高经济发展质量和效益为中心，把转方式调结构放到更加重要位置，着力提升供给体系质量，推动供求关系发生实质性变化。

一、必须善于把握经济大势

习近平总书记强调，在错综复杂的国内外形势下，要实现更好发展，必须更好分析形势和环境，更好把握宏观经济大势。科学认识当前形势，准确研判未来走势，必须历史地、辩证地认识我国经济发展的阶段性特征，准确把握经济发展新常态。我国经济增长速度从高速转向中高速，发展方式从规模速度型转向质量效率型，经济结构调整从增量扩能为主转向调整存量、做优增量并举，发展动力从主要依靠资源和低成本劳动力等要素投入转向创新驱动。我国经济发展进入新常态，是我国经济发展阶段性特征的必然反映，是不以人的意志为转移的。

抓经济发展，首先要明大势、掌大势，顺势而为。准确把握大势、从容顺应大势、善于利用大势，既是党做好包括经济工作在内一切工作的根本基础，也是党从一个胜利走向另一个胜利的坚强保证。只有牢牢把握经济大势，在深入调查研究基础上加强跟踪研判，进行一番交换、比较、反复，才能提高经济形势分析工作质量和水平，更好发挥参谋助手作用。

发展改革部门必须紧扣社会主要矛盾变化，坚持从世界看中国、从全局看局部、从未来看当下，加强学习研讨，强化重大问题研究，努力深化对经济发展新常态主要特征和实践要求的理解，不断提高经济形势监测预测能力，为分析大趋势、研究大战略、协调大政策、推进大项目提供坚实基础。

进一步做好发展改革工作，要更好把握宏观经济运行规律和各项指标内在联系，不为一时“形”的变化就仓促作出“势”的判断，而是准确分析影响“势”的因素是否发生了变化，提前预判短期“形”的变化对未来“势”的影响，不断提升把握经济发展大势的科学性、主动性和准确性。要针对经济发展新常态下可能出现的各种政策情景，主动作为，早作谋划。要紧盯形势发展，及时更新完善政策工具箱，在条件成熟后及时发布实施，增强工作主动性和实效性，确保有备无患。

二、必须用全面辩证长远的眼光看待发展

习近平总书记强调，我国已成为世界第二大经济体，这么大的块头、这么大的底数，再追求两位数的快速发展是不现实的，解决高速发展过程中积累下的诸多深层次矛盾和问题，也需要把增速调整到合适的“挡位”，留下余地和空间。经济发展速度有升有降是正常的，经济不波动不符合经济发展规律，不是经济发展速度高一点，形势就“好得很”，也不是经济发展速度下来一点，形势就“糟得很”，只要波动在合理范围内，就要保持平常心，不能被短期变化牵着鼻子走。

运用全面辩证长远的思维分析问题，更好把握事物发展的内在联系，是唯物辩证法的基本观点。发展是解决我国一切问题的基础

和关键，是党执政兴国的第一要务，必须坚持以经济建设为中心，坚持发展是硬道理的战略思想，推动我国发展不断迈上新台阶。当前，我国经济长期向好的基本面没有改变，影响经济持续健康发展的体制性结构性问题正在逐步解决，高质量发展的积极因素明显增多。我国经济发展进入新常态，没有改变我国发展仍处于可以大有作为的重要战略机遇期的判断，改变的是重要战略机遇期的内涵和条件；没有改变我国经济发展总体向好的基本面，改变的是经济发展方式和经济结构。必须保持战略定力，增强发展自信，坚持变中求新、变中求进、变中突破，走出一条质量更高、效益更好、结构更优、优势充分释放的发展新路，推动我国经济向形态更高级、分工更优化、结构更合理的阶段演进。

进一步做好发展改革工作，要切实转变发展观念，深刻认识重要战略机遇期的新内涵，着力提高发展质量和效益。要用好经济结构优化升级、提升科技创新能力、深化改革开放、加快绿色发展、参与全球经济治理体系变革带来的新机遇，扭住关键、精准发力，更加注重满足人民群众需要，更加注重市场和消费心理分析，更加注重引导社会预期，更加注重加强产权和知识产权保护，更加注重发挥企业家才能，更加注重加强教育和提升人力资本素质，更加注重建设生态文明，更加注重科技进步和全面创新，变压力为加快推动经济高质量发展的动力。

三、必须抓住主要矛盾和矛盾的主要方面

习近平总书记指出，要用好辩证法，善于厘清主要矛盾和次要矛盾、矛盾的主要方面和次要方面[1]。我国经济运行面临的突出矛盾和问题，虽然有周期性、总量性因素，但根源是重大结构性失衡，主要表现为实体经济结构性供需失衡、金融和实体经济失衡、房地产和实体经济失衡“三大失衡”。简单采取扩大需求的办法，不仅不能解决结构性失衡，反而会加剧产能过剩、抬高杠杆率和企业成本，要抓住主要矛盾，从供给侧入手，通过去除没有需求的无效供给、创造适应新需求的有效供给，实现供求关系新的动态均衡。

当前和今后一个时期，制约我国经济发展的因素，供给和需求两侧都有，但矛盾的主要方面在供给侧。要在兼顾一般的同时，以重点突破带动整体推进，在整体推进中实现重点突破，持续深化供给侧结构性改革，着力提高供给体系质量和效益，更好满足人民需要，推动我国社会生产力水平实现整体跃升，增强经济持续增长动力。

发展改革部门全面落实供给侧结构性改革重点任务，大力振兴

---

[1]《在省部级主要领导干部学习贯彻党的十八届五中全会精神专题研讨班上的讲话》（2016 年 1 月 18 日），《人民日报》2016 年 5 月 10 日。

实体经济，减少无效供给、扩大有效供给，提高供给结构对需求变化的适应性和灵活性。比如，在推动钢铁行业供给侧结构性改革过程中，结合行业发展实际，瞄准关键问题精准施策。2015 年，钢铁行业产能严重过剩，行业陷入全面亏损，企业负债率高企，行业面临的主要问题是生存问题，也就是如何使有竞争力的钢铁企业逐步恢复盈利能力。基于此，国家发展改革委会同钢铁煤炭行业化解过剩产能和脱困发展工作部际联席会议有关成员单位和有关地方扎实推进钢铁去产能工作，取得了明显成效，行业效益到 2018 年达到历史最高水平。而到此时，钢铁行业的重点任务逐步由总量性去产能转向系统性优产能。2019 年以来，部际联席会议有关成员单位积极稳妥推进钢铁企业兼并重组，鼓励有条件的企业实施跨地区、跨所有制的兼并重组，积极推动钢铁行业战略性重大兼并重组，着力提高产业集中度。

进一步做好发展改革工作，要牢牢把握供给侧结构性改革战略方向，更多采取改革的办法，更多运用市场化、法治化手段，实现供求关系新的动态平衡。要巩固“三去一降一补”成果，降低实体经济经营成本，加大基础设施等领域补短板力度。要增强微观主体活力，深化“放管服”改革，构建更加完善的要素市场化配置体制机制。要提升产业链水平，持续提升产业基础能力，保持我国产业链供应链的稳定性和竞争力。要畅通国民经济循环，加快建设统一开放、竞争有序的现代市场体系，促进形成国内市场和生产主体、经济增长和就业扩大、金融和实体经济良性循环。

第六节

正确处理好政府和市场关系，全面深化经济体制改革，是做好发展改革工作的重点要求

我国经济体制改革始终是围绕着正确认识与处理政府和市场关系这一核心问题展开的。从计划经济到有计划的商品经济，再到社会主义市场经济，我国改革进程取得重大进展，对市场在资源配置中作用的认识不断深化。党的十八届三中全会上，习近平总书记明确提出“使市场在资源配置中起决定性作用和更好发挥政府作用”，揭示了社会主义市场经济的本质要求，从理论上对政府和市场关系进一步作出定位。这是中国共产党对中国特色社会主义建设规律认识的一个新突破，标志着社会主义市场经济发展进入了一个新阶段，是改革开放历史进程中具有里程碑意义的创新和发展。做

好发展改革工作，要坚持正确处理好政府和市场关系，加快推进对经济增长有重大牵引作用的改革举措，强化新时代推动经济高质量发展的体制机制支撑。

一、必须使市场在资源配置中起决定性作用和更好发挥政府作用

习近平总书记指出，进一步处理好政府和市场关系，实际上就是要处理好在资源配置中市场起决定性作用还是政府起决定性作用这个问题[1]。理论和实践都证明，市场配置资源是最有效率的形式。市场决定资源配置是市场经济的一般规律，市场经济本质上就是市场决定资源配置的经济。必须积极稳妥从广度和深度上推进市场化改革，在思想上更加尊重市场决定资源配置的一般规律，在行动上大幅度减少政府对资源的直接配置，让发展活力竞相进发、社会财富充分涌流。

使市场在资源配置中起决定性作用，能够提升资源配置效率，进而提高全要素生产率，推动高质量发展。要让市场在所有能够发挥作用的领域都充分发挥作用，大幅度减少政府对资源的直接配置，把市场机制能有效调节的经济活动交给市场，推动资源依据市

[1]《关于〈中共中央关于全面深化改革若干重大问题的决定〉的说明》，《人民日报》2013 年 11 月 16 日。

场规则、市场价格、市场竞争进行配置，实现效益最大化和效率最优化，推动经济发展质量变革、效率变革与动力变革。同时，使市场在资源配置中起决定性作用，并不是起全部作用。要在保证市场发挥决定性作用的前提下，管好那些市场管不了或管不好的事情。我国实行的是社会主义市场经济体制，要坚持发挥社会主义制度的优越性，在保持宏观经济稳定、加强和优化公共服务、保障公平竞争、加强市场监管、维护市场秩序、推动可持续发展、促进共同富裕、弥补市场失灵等方面，更好发挥政府作用。使市场在资源配置中起决定性作用和更好发挥政府作用，二者是有机统一的，不能把二者割裂开来、对立起来，既不能用市场在资源配置中的决定性作用取代甚至否定政府作用，也不能用更好发挥政府作用取代甚至否定使市场在资源配置中起决定性作用，“看不见的手”和“看得见的手”都要用好。

发展改革部门始终坚持社会主义市场经济改革方向，深化国资国企改革和支持民营企业发展，激发市场主体活力，加快统一开放、竞争有序的现代市场体系建设，推进要素市场化配置改革，纵深推进“放管服”改革，持续优化营商环境，推动出台《优化营商环境条例》，构建中国营商环境评价体系，以投资、价格等领域为重点，大幅取消和下放行政审批事项和审批权限，推动市场调节价比重从 1978 年的 3% 左右扩大到目前的 97% 以上，累计削减中央层面核准项目 90%。加快构建以信用为基础的新型监管机制，努力创造公平竞争市场环境，为市场主体提供更便利、更优质的服务。

进一步做好发展改革工作，必须准确把握政府和市场的边界，更加尊重市场经济一般规律，提高资源尤其是稀缺资源的配置效率。要在经济体制关键性基础性重大改革上不断突破创新。紧紧围绕使市场在资源配置中起决定性作用和更好发挥政府作用深化经济体制改革，加快形成推动经济高质量发展的体制机制和发展方式，加快推进有利于实现创新发展、协调发展、绿色发展、开放发展、共享发展的改革，加快推进有利于提高资源配置效率、提高发展质量和效益的改革，加快推进有利于充分调动各方面积极性的改革，加快推进有利于国家治理体系和治理能力现代化的改革。要加快自身职能转变，履行好宏观管理和经济综合协调部门职责，严格依法行政，强化事中事后监管，在尊重市场规律的基础上，用改革激发市场活力，用政策引导市场预期，用规划明确投资方向，用法治规范市场行为，从“越位点”退出，把“缺位点”补上。

二、必须坚持和完善社会主义基本经济制度

习近平总书记强调，公有制为主体、多种所有制经济共同发展，按劳分配为主体、多种分配方式并存，社会主义市场经济体制等社会主义基本经济制度，既体现了社会主义制度优越性，又同我国社会主义初级阶段社会生产力发展水平相适应，是党和人民的伟

大创造。必须毫不动摇巩固和发展公有制经济，毫不动摇鼓励、支持、引导非公有制经济发展，探索公有制多种实现形式，支持民营企业改革发展，培育更多充满活力的市场主体。

社会主义基本制度和市场经济有机结合、公有制经济和非公有制经济共同发展，是党中央领导下推动解放和发展社会生产力的伟大创举。我国经济发展获得巨大成功的一个关键因素，就是既发挥了市场经济长处，又发挥了社会主义制度的优越性。我们是在中国共产党领导和社会主义制度的大前提下发展市场经济，什么时候都不能忘了“社会主义”这个定语，要充分发挥社会主义制度的优越性，有效防范资本主义市场经济的弊端，不断完善集中力量办大事的路径、方式。在所有制方面，坚持“两个毫不动摇”，增强国有经济竞争力、创新力、控制力、影响力、抗风险能力，激发非公有制经济活力和创造力，让市场主体有更多活力和更大的空间来创造财富、发展经济、造福人民。在分配制度方面，“以按劳分配为主体、多种分配方式并存”的分配制度，与“以公有制为主体、多种所有制经济共同发展”的所有制相辅相成。必须加快完善社会主义分配制度，更加充分体现社会主义对劳动的重视和对劳动者的保护，既鼓励先进、促进效率，又防止两极分化，使人民群众共享改革发展成果。在资源配置方式方面，使市场在资源配置中发挥决定性作用，主要涉及经济体制改革，但必然会影响到政治、文化、社会、生态文明和党的建设等各个领域，要使各方面体制改革朝着建立完善的社会主义市场经济体制这一方向协同推进，也使各方面自身相关环节更好适应社会主义市场经济发展提出的新要求。

发展改革部门始终坚持和完善社会主义基本经济制度，以混合所有制改革为突破口持续深化国企改革，国有经济布局结构深入调整，国有经济竞争力、创新力、控制力、影响力、抗风险能力不断增强。联动推进混合所有制改革、产权保护、激发保护企业家精神等改革，积极稳妥推动电力、石油、天然气、铁路、民航、电信、军工等重点领域混合所有制改革，支持民营企业改革发展，市场微观主体活力不断增强。深化收入分配制度改革，开展城乡居民增收综合配套政策试点。加快完善社会主义市场经济体制，建设统一开放、竞争有序的现代市场体系，深化要素市场化配置改革，着力破除体制机制障碍，推动要素资源高效配置，市场竞争环境更加公平有序。

进一步做好发展改革工作，必须将社会主义基本经济制度坚持好、巩固好，完善好、发展好，在更高起点、更高层次、更高目标上推进经济体制改革及其他各方面体制改革，构建更加系统完备、更加成熟定型的高水平社会主义市场经济体制。要坚持和完善公有制为主体、多种所有制经济共同发展，探索公有制多种实现形式，在更大范围更深层次推进混合所有制改革，推动国有经济布局优化和结构调整，激发各类市场主体活力。要深化收入分配制度改革，坚持在经济增长的同时实现居民收入同步增长、在劳动生产率提高的同时实现劳动报酬同步提高，将效率和公平原则贯穿于收入分配各环节，实现初次分配效率原则的公平性与再分配公平原则的效率性辩证统一。要加快建设高标准市场体系，健全现代产权制度，保障市场公平竞争，深化要素市场化配置改革，加快要素市场制度建设，为推动经济高质量发展、建设现代化经济体系打下坚实基础。

第七节

统筹国内国际两个大局，扎实办好自己的事，是做好发展改革工作的重要着力点

习近平总书记指出，领导干部要胸怀两个大局，一个是中华民族伟大复兴的战略全局，一个是世界百年未有之大变局，这是我们谋划工作的基本出发点[1]。做好发展改革工作，必须将“两个大局”作为谋事之基，强化战略思维和全局意识，深刻把握国际国内形势变动趋势和联动机理，切实用好国际国内两个市场、两种资源，坚持以我为主，以开放促改革、促发展、促创新，推动建设更高层次开放型经济体系。

[1]《习近平总书记江西考察并主持召开座谈会微镜头》，《人民日报》2019年5月23日。

一、必须坚定不移办好自己的事

习近平总书记指出，保持定力，增强信心，集中精力办好自己的事情，是我们应对各种风险挑战的关键[1]。要清醒认识国际国内各种不利因素的长期性、复杂性，妥善做好应对各种困难局面的准备，统筹研究部署，协同推进改革发展稳定各项工作，谋定而后动，厚积而薄发。

当前，国内外形势正在发生深刻复杂变化，前景依然可期，挑战十分严峻。要辩证看待国际环境和国内条件的变化，增强忧患意识，着力维护经济安全，保证基本经济制度安全，保障关系国民经济命脉的重要行业和关键领域安全，继续抓住并用好我国发展的重要战略机遇期，坚定信心，把握主动，坚定不移办好自己的事。这是我们应对外部冲击、实现和平发展的根本之策，是中国特色社会主义道路取得成功的重要经验，也是以习近平同志为核心的党中央对当前各种困难挑战的从容坚定回答。做好自己的事情，就要把握大局大势、保持战略定力，就要看清有利条件、增强必胜信心，就要结合实际贯彻好党中央决策部署。新中国成立以来的艰辛历程，就是一部“踏平坎坷成大道，斗罢艰险又出发”的奋斗史。面对当前风险挑战，只要我们始终坚定走好自己的路、坚持办好自己的

[1]《在民营企业座谈会上的讲话》，《人民日报》2018 年 11 月 2 日。

事，中国经济这艘巨轮就一定能够劈波斩浪、行稳致远。

进一步做好发展改革工作，要准确把握战略机遇新内涵，坚持以我为主，主动作为，科学研判经济运行中潜藏的风险挑战，提高风险化解能力，变压力为动力，化挑战为机遇，保障国家经济、产业、技术安全。要深化农业供给侧结构性改革，藏粮于地、藏粮于技，提高粮食生产能力，建设现代粮食流通体系，确保谷物基本自给、口粮绝对安全。要深入推进能源革命，推进能源体制改革，推动能源结构调整优化，建设能源产供储销体系，保障能源领域安全。要保障产业链供应链稳定，持续夯实产业基础能力，优化生产力布局，构建自主可控、安全高效的产业链，增强供应链韧性和稳定性。要坚定实施创新驱动发展战略，发挥新型举国体制优势，加强“卡脖子”技术攻关，有效解决关键核心技术受制于人的问题。

二、必须推动形成以国内大循环为主体、国内国际双循环相互促进的新发展格局

习近平总书记指出，面向未来，我们要把满足国内需求作为发展的出发点和落脚点，加快构建完整的内需体系，大力推进科技创新及其他各方面创新，加快推进数字经济、智能制造、生命健康、新材料等战略性新兴产业，形成更多新的增长点、增长极，着力打通生产、分配、流通、消费各个环节，逐步形成以国内大循环为主体、国内国际双循环相互促进的新发展格局，培育新形势下我国参

与国际合作和竞争新优势[1]。

推动形成以国内大循环为主体、国内国际双循环相互促进的新发展格局，是党中央根据国际国内形势发展新变化、全球产业链供应链重构新趋势提出的重大战略部署，对于推动我国经济行稳致远、实现高质量发展具有重大意义，也将为促进世界经济再平衡和全球产业链供应链稳定作出积极贡献。构建以国内大循环为主体、国内国际双循环相互促进的新发展格局，就要把满足国内需求作为发展的出发点和落脚点，坚定实施扩大内需战略，充分发挥超大规模市场优势，积极完善国内产业配套体系，提升产业基础能力和产业链水平。以国内大循环为主体，绝不是关起门来封闭运行，而是通过发挥内需潜力，使国内市场和国际市场更好联通。要更好利用国际技术、人才、管理等资源，积极融入全球产业链、供应链，促进国内外市场规则和标准衔接，以更加开放的姿态，积极主动融入世界经济体系。

进一步做好发展改革工作，要增强战略思维、系统思维，统筹兼顾国内循环与国际循环，积极扩大内需、稳定外需，打通堵点、连接断点，加强国际协调合作，推动国内国际循环优势互补、良性互动、互促互进。要消除歧视性、隐蔽性的市场壁垒，加快构建统一开放有效的国内大市场，更好发挥我国超大规模市场优势和内需

[1]《习近平在看望参加政协会议的经济界委员时强调 坚持用全面辩证长远眼光分析经济形势 努力在危机中育新机于变局中开新局》，《人民日报》2020 年 5 月 24 日。

潜力。要推动我国对外开放由商品和要素流动型开放向规则等制度型开放转变，加快形成与国际投资、贸易通行规则相衔接的基本制度体系和监管模式。

三、必须坚定不移扩大对外开放

习近平主席指出，过去40年中国经济发展是在开放条件下取得的，未来中国经济实现高质量发展也必须在更加开放条件下进行。这是中国基于发展需要作出的战略抉择，同时也是在以实际行动推动经济全球化造福世界各国人民。[1] 站在新的历史起点，中国站在历史正确的一边，开放的大门只会越开越大。我们将坚持对外开放的基本国策，坚持以开放促改革、促发展、促创新，持续推进更高水平的对外开放。

当今世界，开放融通的潮流滚滚向前，世界已经成为你中有我、我中有你的地球村。融入世界经济是历史大方向，中国经济要发展，就要敢于到世界市场的汪洋大海中去游泳，如果永远不敢到大海中去经风雨、见世面，总有一天会在大海中溺水而亡。只有打开国门搞建设，实行更加积极主动的开放战略，才能获得更多推动发展所必需的资金、技术、资源、市场、人才乃至机遇，才能不断

[1]《开放共创繁荣 创新引领未来——在博鳌亚洲论坛2018年年会开幕式上的主旨演讲》，《人民日报》2018年4月11日。

为经济发展注入新动力、增添新活力、拓展新空间，为推动构建人类命运共同体作出新的更大贡献。

发展改革部门坚定不移实施对外开放基本国策，坚持引进来和走出去并重，持续推动更大范围、更宽领域、更深层次对外开放，主动参与和推动国际经济合作，推动形成全面开放新格局。扎实推进共建“一带一路”，创新对外投资方式，稳步推进国际产能合作，深化第三方市场合作，推动建设开放型世界经济。持续缩减外资准入负面清单，进一步扩大鼓励外商投资范围，加强对外资企业权益的保护，不断优化利用外资环境。

进一步做好发展改革工作，要把开放作为推动发展的内在要求，坚持主动开放、双向开放、全面开放，积极参与多双边合作，以高水平开放推动高质量发展。要以“一带一路”建设为重点，加大内陆和沿边开放力度，推动形成陆海内外联动、东西双向互济的开放格局。要全面实施《中华人民共和国外商投资法》及其配套法规，深化服务业、制造业、农业对外开放，进一步提高利用外资水平。要处理好对外开放同维护经济安全的关系，健全外商投资国家安全审查等制度，在扩大开放中动态谋求更高层次总体安全。

第八节

坚持正确的工作策略和方法，突出问题导向目标导向结果导向，是做好发展改革工作的重要方法论

习近平新时代中国特色社会主义经济思想，蕴含着丰富的马克思主义思想方法和工作方法，既讲是什么、怎么看，又讲怎么办、怎么干。做好发展改革工作，必须深刻把握习近平新时代中国特色社会主义经济思想蕴含的科学工作策略和方法，坚持目标导向、问题导向、结果导向相统一，不断提高攻坚克难、化解矛盾、驾驭复杂局面的能力。

一、必须树立正确政绩观

习近平总书记指出，干部干事创业要树立正确政绩观，有功成不必在我的精神境界、功成必定有我的历史担当，发扬钉钉子精神，脚踏实地干[1]。习近平总书记在参加十三届全国人大一次会议山东代表团审议时强调，功成不必在我并不是消极、怠政、不作为，而是要牢固树立正确政绩观，既要做让老百姓看得见、摸得着、得实惠的实事，也要做为后人作铺垫、打基础、利长远的好事，既要做显功也要做潜功，不计较个人功名，追求人民群众的好口碑、历史沉淀之后真正的评价。

共产党就是为人民谋幸福的，人民群众在哪方面感觉不幸福、不快乐、不满意，就在哪方面下功夫，千方百计为群众排忧解难。党员干部干事创业一定要树立正确政绩观，做到“民之所好好之，民之所恶恶之”。要求真务实、真抓实干，做工作自觉从人民利益出发，决不能为了树立个人形象，搞华而不实、劳民伤财的“形象工程”“政绩工程”。对既定的目标任务和行之有效的决策部署，要继续坚持、扎实推进，决不能为了所谓“政绩”朝令夕改。

进一步做好发展改革工作，要不断强化宗旨意识。自觉践行

[1]《习近平在中央党校（国家行政学院）中青年干部培训班开班式上发表重要讲话强调 在常学常新中加强理论修养 在知行合一中主动担当作为》，《人民日报》2019 年 3 月 2 日。

全心全意为人民服务的根本宗旨，对人民群众有真情实意，以真情换真心，以真情换实情，打通干群之间的“心理墙”、保持“零距离”。坚定不移践行群众路线，虚心向群众请教，真心拜群众为师，自觉接受群众监督，思想上尊重群众，感情上贴近群众，行动上深入群众，工作上服务群众。要牢固树立大局观念。真正的政绩是“为官一任、造福一方”的实绩，是经得起群众、实践和历史检验的实绩，只有在大局意识指导下创造出符合整体利益、长远利益的政绩，才是党和人民需要的政绩。

二、必须保持战略定力

习近平总书记指出，我国发展外部环境发生明显变化，我国经济已由高速增长阶段转向高质量发展阶段，发展不平衡不充分问题和各种周期性、结构性、体制性因素交织叠加在一起，加大了工作难度。但是，只要我们保持战略定力，集中精力办好自己的事情，我们认准的目标就一定能实现。[1]

战略问题是一个政党、一个国家的根本性问题。战略定力，是在把握大势前提下，为实现战略意图和战略目标而应具备的宽阔视野、战略睿智和坚定沉着的行动能力。保持战略定力，是应对复杂

[1]《习近平在上海考察时强调 坚定改革开放再出发信心和决心 加快提升城市能级和核心竞争力》，《人民日报》2018 年 11 月 8 日。

深刻的国际形势变化，在乱局中保持清醒、在变局中抓住发展机遇的必然选择，也是中国共产党在发展历程中不断修正错误、夺取胜利的宝贵经验。所谓“猝然临之而不惊，无故加之而不怒”，即要沉得住气、稳得住神，不为外界所扰，不为一时利益得失而改变目标和方向。随着改革向纵深推进，各种思想文化相互激荡，各种矛盾相互交织，各种诉求相互碰撞，各种力量竞相发声，面对风险与挑战，能不能始终保持坚如磐石的战略定力，是检验政治品格的试金石，也是实现改革发展稳定的压舱石。

进一步做好发展改革工作，要增强战略思维、历史思维、辩证思维、创新思维、法治思维、底线思维，始终保持清醒头脑，不为各种错误观点所左右，不为各种干扰所迷惑，聚焦我国发展面临的突出矛盾和问题，从经济社会发展实际出发，以我为主，把握战略主动，审时度势、趋利避害，保持宏观政策连续性稳定性，坚定不移推进改革开放，不断提高发展改革工作质量和水平。

三、必须注重顶层设计和摸着石头过河相结合

习近平总书记指出，摸着石头过河，是富有中国特色、符合中国国情的改革方法。摸着石头过河就是摸规律，从实践中获得真知。摸着石头过河和加强顶层设计是辩证统一的，推进局部的阶段性改革开放要在加强顶层设计的前提下进行，加强顶层设计要在推

进局部的阶段性改革开放的基础上来谋划。[1]

顶层设计和摸着石头过河是辩证统一关系，体现的是“实践—认识—再实践—再认识”的逻辑过程。顶层设计关注的是发展的全局性、战略性，强调的是改革的系统性、前瞻性，着力点在制度设计、整体谋划；摸着石头过河是对具体问题的深入探索，洞幽烛微，以小见大，稳中求变。顶层设计是摸着石头过河的重要前提，通过顶层设计，能够增强改革的系统性、整体性、协同性，为摸着石头过河提供科学依据；摸着石头过河是顶层设计的实践基础，通过实践中的摸索和总结，避免顶层设计走弯路、入歧途。

发展改革部门在制定政策时注重顶层设计和摸着石头过河相结合，不断提升政策的针对性和有效性。聚焦重大规划、重大战略、重大改革、重大政策等，加强总体研究和整体谋划，切实增强政策措施的系统性、协调性、配套性，努力取得最大政策效应。着眼于“摸准石头”“下接地气”，大兴调研之风，深入开展经济形势调研、返乡调研，积极推动调研成果转化利用，确保各项政策措施对接发展所需、符合民心所向、根除顽症痼疾、落地开花结果，同时鼓励试点先行，支持地方在相关领域因地制宜开展探索，形成一批可复制可推广的经验做法，通过组织召开现场会等多种方式加强经验推广。

---

[1]《习近平在中共中央政治局第二次集体学习时强调 以更大的政治勇气和智慧深化改革 朝着十八大指引的改革开放方向前进》，《人民日报》2013 年 1 月 2 日。

进一步做好发展改革工作，既要科学谋划，寻求总体全面解决方案，注重顶层设计的宏观性、战略性，确保发展改革工作准确把握宏观政策取向，精准契合国家战略布局；又要敢为人先、勇于尝试，深入分析主客观条件，不断探索实践，在探索中找规律，不断形成新经验、深化新认识、贡献新方案。

四、必须强化评估督导抓落实

习近平总书记指出，抓落实，就是要把新时代中国特色社会主义思想转化为推进改革发展稳定和党的建设各项工作的实际行动，把初心使命变成党员干部锐意进取、开拓创新的精气神和埋头苦干、真抓实干的自觉行动，力戒形式主义、官僚主义，推动党的路线方针政策落地生根，推动解决人民群众反映强烈的突出问题[1]。

千忙万忙，不抓落实就是瞎忙；千招万招，不能落实就是空招；千条万条，不去落实就是“白条”。评估督促的目的是抓落实，推动工作落地见效。抓好落实，没有任何捷径可走，要靠艰辛的付出，要用实打实的力气，发扬一锤接着一锤敲的钉钉子精神，少说多做、少喊多练，把主要心思和精力用在抓基层打基础的工作上，树立说实话、谋实事、出实招、求实效的鲜明导向，推动形成真抓

[1]《习近平在“不忘初心、牢记使命”主题教育工作会议上强调 守初心担使命找差距抓落实 确保主题教育取得扎扎实实的成效》，《人民日报》2019 年 6 月 1 日。

的实劲、敢抓的狠劲、善抓的巧劲、常抓的韧劲。

进一步做好发展改革工作，要强化评估督导问效。用好评估手段，加强政策论证，充分评估政策预期影响，全面预估政策效应，更好地完善政策内容、实施办法和落实机制，有效把握政策出台的时机、节奏和力度。结合形势发展变化，开展事中动态反馈评估，对政策进行“回头看”和“再思考”，全面评价政策效果是否惠及人民群众，及时优化校准，确保各项工作任务始终符合党中央要求。积极开展事后评估，综合分析工作得失、全面总结经验教训，提升敢抓落实、会抓落实的能力，根据政策效果对下一阶段政策设计提出意见建议，不断提升政策的精准性和有效性。聚焦党中央重大决策部署执行落实情况和重大战略规划、重大政策、重大工程落实落地情况，开展全面监督检查，充分运用约谈、通报等问责手段，推动问题整改，让不作为、慢作为、乱作为无处藏身。通过完善政策设计、优化工作路径、理顺落实机制，充分调动各方面积极性，有效打通宏观政策制定到微观工作落实的梗阻，真正把中央精神的天线与基层实际的地线连接起来，推动形成上下一盘棋、劲往一处使的工作合力。

第三章

党的十八大以来全面贯彻习近平新时代中国特色社会主义经济思想取得重大实践成效

党的十八大以来，面对错综复杂的国际环境和艰巨繁重的国内改革发展稳定任务，在习近平新时代中国特色社会主义经济思想指引下，以习近平同志为核心的党中央团结带领全国各族人民，坚持稳中求进工作总基调，坚持新发展理念，深入推进供给侧结构性改革，坚定不移推动高质量发展，攻坚克难、砥砺前行，经济社会发展取得了历史性重大成就，全面小康社会即将建成，为开启全面建设社会主义现代化国家新征程奠定了坚实基础。

第一节

以新发展理念引领高质量发展取得积极进展

党的十八届五中全会提出创新、协调、绿色、开放、共享的新发展理念以来，贯彻落实新发展理念的政策体系日益完善，激励机制不断创新，制度环境持续优化，新发展理念已经成为经济社会发展的根本遵循、各地区各部门推动高质量发展的战略指引，践行新发展理念已经成为全社会的行动自觉。

一、贯彻落实新发展理念深入人心

新发展理念是在深刻总结国内外发展经验教训、深入分析国内外发展大势的基础上提出来的，集中反映了党对经济社会发展规律认识的深化，对破解发展难题、增强发展动力、厚植发展优势具有重大指导意义。五年来，落实新发展理念已经成为政府及社会各界的自觉行动和普遍实践，贯穿于经济社会发展的各领域各环节，促进了思维方式、行为方式、发展方式加速转变。

思维方式加速转变。坚持统筹推进“五位一体”总体布局，协调推进“四个全面”战略布局，顺应新时代中国特色社会主义发展方向，摆脱原有的思维定势和行为惯性，着重树立形成与新发展理念关系密切的战略思维、辩证思维、创新思维、全球思维、底线思维。更加注重战略思维，国家发展规划战略导向作用充分发挥，党的十九大系统谋划的七大战略深入实施，在把握战略全局中推动各项工作有序开展。更加注重辩证思维，坚持用客观的、发展的、全面的、系统的眼光看待问题、分析问题、解决问题，在研判发展环境时既抓住机遇又直面挑战，在全面深化改革时既强调胆子要大又强调步子要稳，用辩证思维谋划经济社会发展能力得到提升。更加注重创新思维，用新发展理念破除传统思维定势，在把握事物发展客观规律基础上加强变革和创新，创造性提出一系列重大创新举措。更加注重全球思维，推动共建“一带一路”高质量发展，提出并践行人类命运共同体理念，倡导国际社会共担时代责任、共促全球发展，彰显中国思想方法对全球治理的重要贡献。更加注重底线思维，始终保持高度警惕，科学研判形势发展和隐藏的风险挑战，从坏处准备，努力争取最好的结果，保持战略定力，牢牢把握主动权。

行为方式加速转变。伴随我国社会主要矛盾发生历史性转化，在新发展理念的指引下，各地方、各部门谋划推动经济社会发展的行为方式加速转变，更加聚焦解决发展不平衡不充分问题，更好满足人民日益增长的美好生活需要。更加注重质量效益，建立经济高质量发展的指标体系及考核方式，推动政府从追求经济规模和速度，转向质量第一、效益优先，不断增强经济创新力和竞争力。更加注重问题导向，以供给侧结构性改革为主线，集中各方面资源打好防范化解重大风险、精准脱贫、污染防治三大攻坚战，聚焦突出问题和薄弱环节，解决好群众的操心事、烦心事、揪心事。更加注重内外联动，顺应我国经济深度融入世界经济的趋势，立足我国超大规模市场优势，坚持内外需协调、进出口平衡、引进来和走出去并重并举，加快形成以国内大循环为主体、国内国际双循环相互促进的新发展格局。更加注重抓工作落实，建立健全规范化制度，对重大任务重视细化措施、细分责任、细排时间，通过加强监督检查，狠抓政策落地与实施，严厉查处问题整改不到位等行为。

发展方式加速转变。伴随我国经济发展进入新常态，新发展理念的贯彻落实有力推动了经济发展质量变革、效率变革、动力变革。更加注重发挥消费的基础性作用，我国商品市场规模持续增大，城乡居民消费升级步伐明显加快，以网络消费为代表的新兴消费蓬勃发展，服务消费增长迅猛，消费对经济增长的拉动作用更加明显。更加注重推动新旧动能转换，钢铁、水泥、平板玻璃、电解铝等行业过剩产能得到有序化解，战略性新兴产业、高技术制造业支撑经济发展的能力越来越强，数字经济蓬勃发展。更加注重新型要素驱动发展，推动从规模速度型粗放增长转向质量效率型集约增长，全要素生产率对经济增长贡献率总体呈上升趋势，技术创新、体制改革、管理创新、结构调整等正成为推动全要素生产率提升的主要动力。

二、推动高质量发展迈出坚实步伐

我国经济社会发展加快转向高质量发展轨道，推动高质量发展的指标体系、政策体系、标准体系、统计体系、绩效评价、政绩考核初步构建，经济结构进一步优化，创新驱动进一步增强，改革开放进一步深化，经济发展的内生性、协调性和韧性明显提升。

经济结构持续优化。农业现代化取得明显进展，工业化和信息化、先进制造业和现代服务业融合发展进程加速，服务业拉动作用日益凸显，新业态新模式蓬勃发展，成为助推经济持续增长的新动能。产业发展迈向中高端，转型升级加快推进，全员劳动生产率在2012—2019年保持6.7%的年均增长率，2019年超过11.5万元/人（按2015年不变价）。消费对经济的拉动作用更加明显，2012—2019年我国最终消费率从51.1%提升至55.4%，2019年我国消费对经济增长贡献率达到57.8%，连续6年成为经济增长第一拉动力。

内生动力大幅增强。创新驱动和引领经济发展水平明显提升，2019年，研究与试验发展（R&D）经费投入强度即R&D支出与国内生产总值（GDP）之比达到2.23%（见图3–1），已经超过欧盟的平均水平；全年每万人发明专利拥有量达到13.3件，首次超过美国，成为提交国际专利申请量最多的国家。创新对改善经济效率的作用不断增强，2019年科技进步贡献率达到59.5%；2019年，战略性新兴产业增加值占GDP的比重接近13%，高技术制造业增加值占规模以上工业增加值比重达到14.4%，较2012年分别提高6个和4个百分点左右。

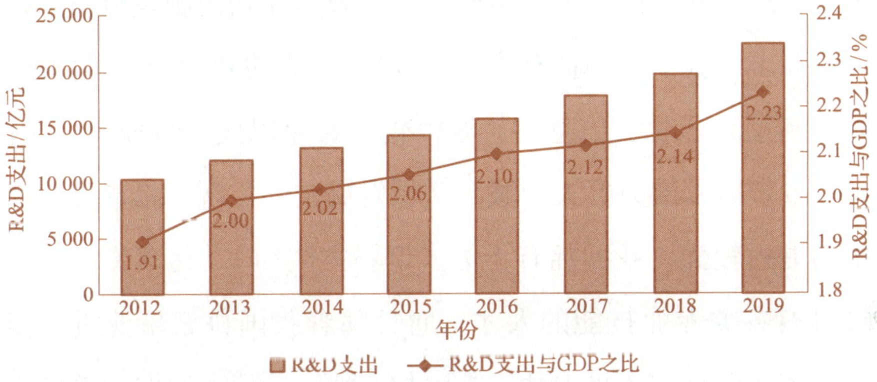

图3–1　2012—2019年我国R&D支出及与GDP之比

发展协调性持续巩固。通过统筹推进新型城镇化和乡村振兴，城乡发展协调性显著增强。农业转移人口市民化提速，2013年以来累计超过1.4亿农村人口成为城镇居民，2019年常住人口城镇化率达60.6%，高于中等收入国家52%的平均水平，户籍人口城镇化率与常住人口城镇化率的差距比2012年末缩小了1.05个百分点；城镇居民人均可支配收入与农村居民人均可支配收入之比从2013年的2.81下降至2019年的2.64。重大区域发展战略深入实施，一批新的城市群、都市圈、增长带成为牵引经济高质量发展的动力源，特殊类型地区发展步伐不断加快，区域发展协同性总体增强，发展空间布局持续优化。经济建设和国防建设发展的协调性进一步加强，国防和军队建设逐步融入经济社会发展大体系中。

发展韧性明显提升。近年来，我国积极夯实产业基础，增强产业链韧性，形成了全球最完整、规模最大的工业体系，供应链体系健全、产业配套能力强、生产组织高效，在新冠肺炎疫情冲击面前经受住了考验。我国拥有14亿人口所形成的超大规模国内市场，正处于新型工业化、信息化、城镇化、农业现代化快速发展阶段，消费和投资需求潜力巨大，城乡区域发展空间广阔，抵御外部风险冲击的能力较强。我国拥有1亿多市场主体和1.7亿多受过高等教育或具有各类专业技能的人才，而且随着我国科教事业进一步发展，人才队伍还将不断壮大，“人才红利”对经济的推动效应将加速显现。特别是有以习近平同志为核心的党中央的坚强领导，有中国特色社会主义制度和国家治理体系的显著优势，在面对国内外困难复杂局面时更能万众一心、众志成城，凝聚起突破前行的强大力量。面对新冠肺炎疫情的严重冲击，在以习近平同志为核心的党中央坚强领导下，经过全国上下和广大人民群众艰苦卓绝努力，用三个月左右时间，武汉保卫战、湖北保卫战取得了决定性成果，全国疫情防控阻击战取得了重大战略成果，统筹疫情防控和经济社会发展工作取得重大成果。

三、推进供给侧结构性改革取得明显成效

供给侧结构性改革深入推进，“三去一降一补”取得明显进展，“破”“立”“降”向纵深推进，“巩固、增强、提升、畅通”八字方针有效贯彻落实，供给体系适应性和灵活性不断增强。

去产能、去库存、去杠杆有序推进。去产能方面，2016 年以来出台实施化解火电、煤炭、钢铁、石化、玻璃、水泥等行业产能政策，整体工作推进成效显著，工业产能利用率由 2016 年底的 73.8% 上升至 2019 年底的 77.5%（见图 3–2），供给能力和供给质量大幅提升。去库存方面，2019 年末商品房待售面积较 2015 年末下降 31.79%，其中商品住宅待售面积下降 55.17%。去杠杆方面，2017—2019 年宏观杠杆率年均提高 2.2 个百分点，比 2012—2016 年年均增幅低 10.0 个百分点。

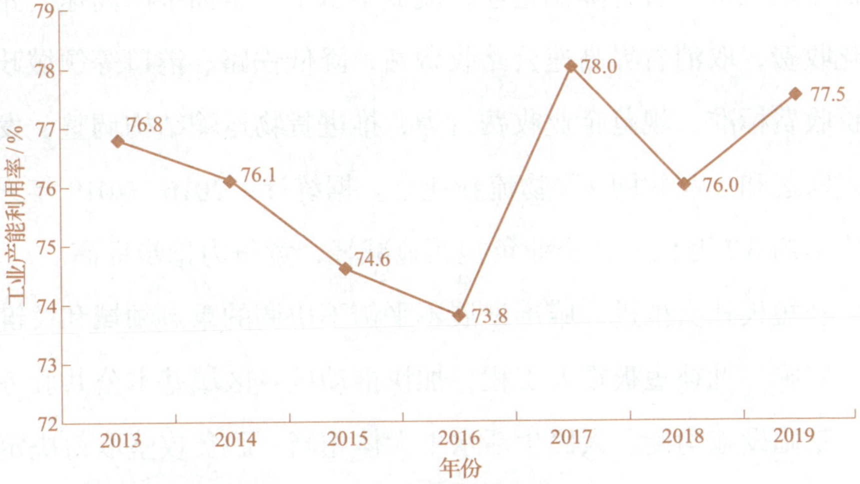

图 3–2　我国工业产能利用率

降成本成效显著。着力降低企业税费负担。全面推开营改增，将税率简并至三档并调低税率；扩大小微企业税收优惠范围和力度，扩大研发费用加计扣除范围；清理规范涉企收费，取消减免一批政府性基金。推动融资成本有所降低。多次实施定向降准；推动落实差别化信贷政策，发展应收账款融资；规范银行业服务收费，降低融资中间环节费用，降低征信查询服务收费；推动完善政府性融资担保体系。推动企业社保负担明显下降。多次降低社会保险费率，职工基本养老保险单位缴费比例降至16%，阶段性降低失业保险、工伤保险费率；改用全口径平均工资核定职工个人缴费基数上下限。推动用能用地成本进一步降低。通过推进电价市场化改革、强化输配电价监管、清理基金附加、扩大电力市场化交易等措施，持续降低企业用电成本；降低成品油、天然气门站价格和跨省管道运输价格；推动网络提速降费；以长期租赁、先租后让等方式降低用地成本。着力降低企业物流成本水平。全面推广高速公路差异化收费，取消省界高速公路收费站，降低铁路、港口等领域政府定价收费标准，规范企业收费行为，推进货物运输结构调整，发展多式联运和“互联网+”物流新业态。据统计，2016—2019年累计降成本约6.7万亿元，企业负担明显减轻，竞争力稳步提高。

补短板扎实推进。瞄准发展不平衡不协调的重点领域和关键环节，实施一批补短板重大工程，加快推动城乡区域基本公共服务均等、基础设施均衡、人民生活水平大体相当。脱贫攻坚取得决定性成就，易地扶贫搬迁工程建设任务基本完成，后续扶持政策体系正逐步形成。革命老区、民族地区和边疆地区发展步伐加快，推动实施一批基础设施、生态工程和特色产业项目。公共服务补短板、强弱项、提质量深入推进，基本公共教育短板加快补齐，医疗卫生服务水平持续改善，养老育幼服务扩容提质。城市公共基础设施进一步完善，地下综合管廊（网）工程稳步推进。美丽乡村建设深入推进，农村人居环境整治工程扎实展开。

第二节

综合实力大幅跃升

党的十八大以来，在以习近平同志为核心的党中央坚强领导下，全国各族人民共同努力，有效应对外部风险挑战，促进经济平稳健康可持续发展。我国经济总量连续跨越60万亿元、70万亿元、80万亿元和90万亿元大关，综合实力大幅跃升，发展质量和效益明显提高。

一、经济总量迈上新台阶

经济实力大幅跃升。2012—2019年我国国内生产总值（GDP）从53.9万亿元增长到99.1万亿元（见图3–3），年均增速7.1%，始终维持在合理空间，高于世界主要经济体的GDP增速（见图3–4）；

GDP 占世界的比重从 2012 年的 11.4% 提升到 2019 年的超过 16%（见图 3–5），2019 年我国对世界经济增长贡献率达到 30% 左右，成为世界经济发展的重要引擎。人均 GDP 从 2012 年的 3.99 万元增长到 2019 年的 7.09 万元（见图 3–6），按照现行汇率比价计算，已

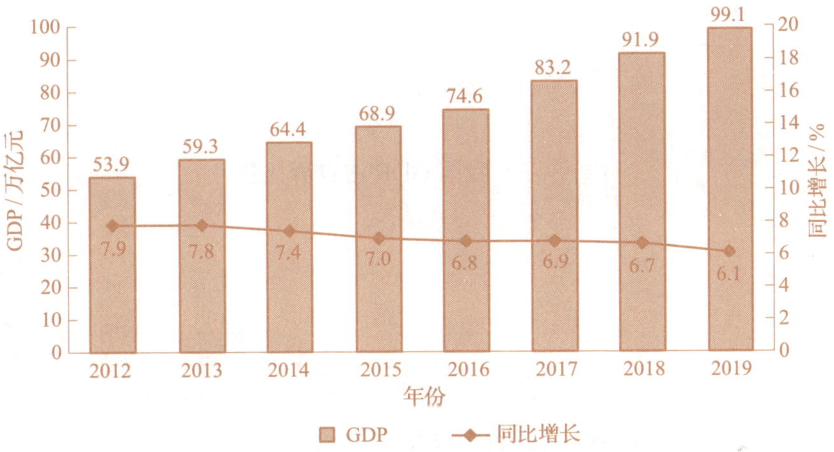

图 3–3　2012—2019 年我国 GDP 及其同比增长

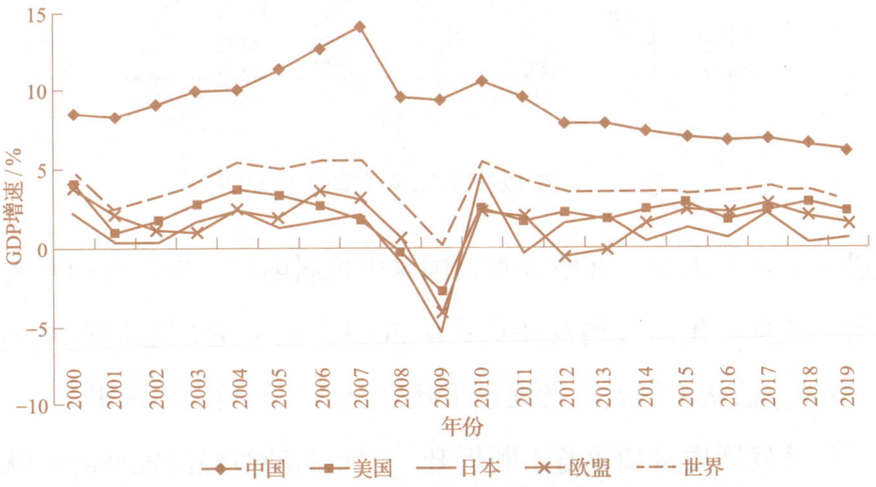

图 3–4　主要经济体 GDP 增速对比

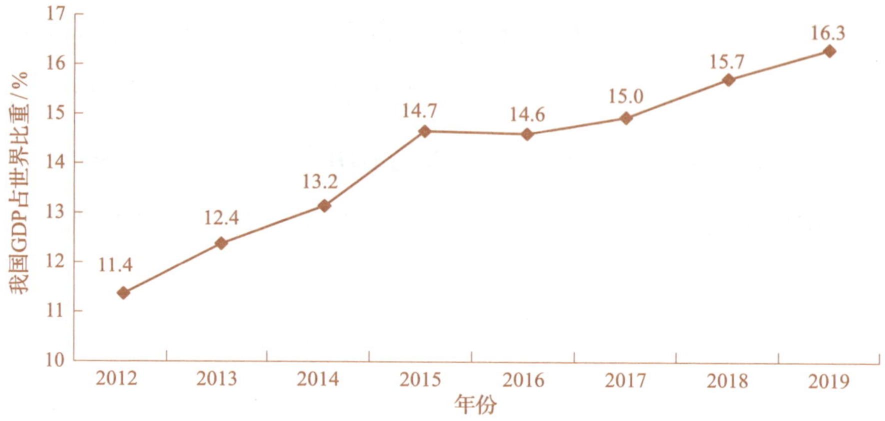

图 3–5 我国 GDP 占世界比重

图 3–6 2012—2019 年我国人均 GDP

突破 1 万美元大关，在中等收入国家中位居前列。据联合国开发计划署的数据，我国人类发展指数从 2012 年的 0.699 提高到 2018 年的 0.758，已从中等人类发展水平跃升至高等人类发展水平。

经济发展质量和效益不断提升。创新驱动对经济发展的贡献能力明显提升，战略性新兴产业、高技术制造业支撑经济发展的能力越来越强，2012—2019年高技术产业、装备制造业、战略性新兴产业增加值年均分别增长11.4%、9.2%和10.4%；移动通信手持机和微型计算机设备产量分别达到17.0亿部和3.4亿台，占全球总产量的比重达到70%以上；汽车年产量达2 572万辆，连续多年蝉联全球第一。服务业的拉动作用日益凸显，2012—2019年第三产业增加值年均增长8.1%；新业态新模式蓬勃发展，2015—2019年电子商务交易额、网上零售额年均增速分别达到12.42%、26.3%；信息传输、软件和信息技术服务业，租赁和商务服务业等新兴服务业近4年年均增速高达19.4%和11.1%，成为助推服务业持续增长的新动能。财政收入与经济发展更加协调，2012—2019年财政收入年均增速7.43%，从11.7万亿元增长到19.0万亿元，与GDP之比从21.8%稳步下降到19.2%。企业盈利能力逐步稳固，2012—2019年规模以上工业企业利润总额月平均增速为7.6%。

二、内需拉动作用明显增强

消费新增长点不断拓展。重点消费品更新升级，汽车、家电、电子产品等领域回收网络体系加快完善。线上线下消费融合发展，服务体系和基础能力建设不断完善，消费重点区域示范引领作用不断彰显。服务消费潜力得到释放，养老、家政服务、体育等领域消费发展壮大，文旅休闲消费提质升级，夜间餐饮、购物、演艺等服务不断丰富。放心消费环境逐步形成，消费领域信用体系建设日趋完善，消费者维权渠道更加畅通。2012—2019 年社会消费品零售总额从 20.7 万亿元大幅提升至 41.2 万亿元，增速超过同期 GDP 增长。2019 年全国网上零售额达 10.6 万亿元，占社会消费品零售总额的 20.7%。

重点领域有效投资合理扩大。补短板领域投资快速增长，投资在优化供给结构、提升供给质量等方面继续发挥重要作用。《政府投资条例》发布实施，重点领域项目资本金比例适当降低。重大项目储备机制不断健全，专项债券项目建设有序推进。政府和社会资本合作（PPP）更加规范，民间资本积极参与补短板重点领域建设。2012—2019 年，第三产业投资占固定资产投资（不含农户）比重从 54.3% 提升至 68.1%。通过合理扩大有效投资，持续优化投资结构、提高投资质量，投资对优化供给结构的关键性作用充分彰显，为推动经济社会高质量发展提供了有力支撑。

三、基础设施显著改善

综合交通运输体系建设成效显著。“十纵十横”综合运输大通道初步形成，高速铁路、高速公路、城市轨道交通通车里程稳步增长，城际铁路、市域（郊）铁路有序发展，邮政、快递基础设施网络覆盖度显著提升。一大批重大工程项目顺利推进实施，港珠澳大桥正式通车，北京大兴国际机场建成投运，川藏铁路前期工作扎实推进。2019 年，我国铁路营业里程达到 13.9 万公里，其中高铁总里程已达3.5万公里，成为世界上高铁里程最长、运输密度最高、成网运营场景最复杂的国家；全国城市轨道交通总里程超过6 700公里，成为全球开通地铁城市最多、客运量最大的国家；城际铁路运营里程已超过3 000公里，市域（郊）铁路运营里程已达到1 162公里；全国高速公路网通车里程接近15万公里，规模位居世界第一；民航运输机场达235个，旅客运输量6.6亿人次。

能源基础设施建设加快。清洁低碳、安全高效的现代能源体系不断完善，一大批代表国际先进水平的能源重大工程建成投产，横跨东西、纵贯南北、覆盖全国、连通海外的能源管网初步形成，智慧能源、储能、综合能源服务等一大批能源新技术、新业态、新模式加快培育。我国已成为世界能源生产第一大国，2019年我国一次能源生产总量39.7亿吨标准煤，煤电、水电、风电、太阳能发电装机容量居世界第一。11条特高压输电通道和西气东输三线东段、西段等重大工程建成投运，天然气产供储销体系建设加快推进。截至2019年底，我国油气长输管道总里程累计约为13.9万千米，其中天然气管道约8.1万千米。保障人民生产生活用电的农村电网改造升级工作取得显著进展，“十三五”时期实现153.5万眼农田机井通电、6.6万个小城镇（中心村）电网改造升级、7.8万个自然村通动力电，惠及1.6亿农村人口和1.4亿亩农田。

农田水利条件明显改善。藏粮于地、藏粮于技战略深入实施，持续加强以农田水利为重点的农业基础设施建设力度，加大投入兴修农田水利，一批重大水利工程建成运行和开工建设，小型农田水利设施不断完善，农田灌溉条件明显改善。深入开展“沃土工程”建设，大力改造中低产田，旱涝保收稳产高产的高标准农田建设稳步推进。截至 2019 年底，全国累计建成高标准农田 7.2 亿亩，完成 10.58 亿亩粮食生产功能区和重要农产品生产保护区划定任务，确保粮食综合生产能力稳步提升。

第三节

三大攻坚战进展显著

防范化解重大风险、精准脱贫、污染防治三大攻坚战成效显著，金融乱象得到有效遏制，金融生态得到净化，金融系统抵御风险能力进一步增强，房地产调控长效机制不断完善；推进精准扶贫、精准脱贫，困扰中华民族几千年的绝对贫困问题即将历史性地得到解决，为全球减贫事业作出了重大贡献；污染防治阶段性目标顺利实现，重大生态保护和修复工程进展顺利，生态环境保护发生历史性、转折性、全局性变化。

一、防范化解重大风险取得积极成效

宏观杠杆率基本稳定。宏观上管好货币总闸门，微观上推动

企业降杠杆、控制居民部门杠杆率过快增长、积极化解地方政府隐性债务，使宏观杠杆率高速增长势头得到初步遏制。宏观杠杆率年均增幅从2012—2016年的12.2%大幅下降至2017—2019年的2.2%，非金融企业部门杠杆率呈现稳步下降态势，从2016年的峰值157.6%下降至2019年的151.3%，政府部门杠杆率缓慢增长，居民部门杠杆率控制在合理水平（见图3–7）。

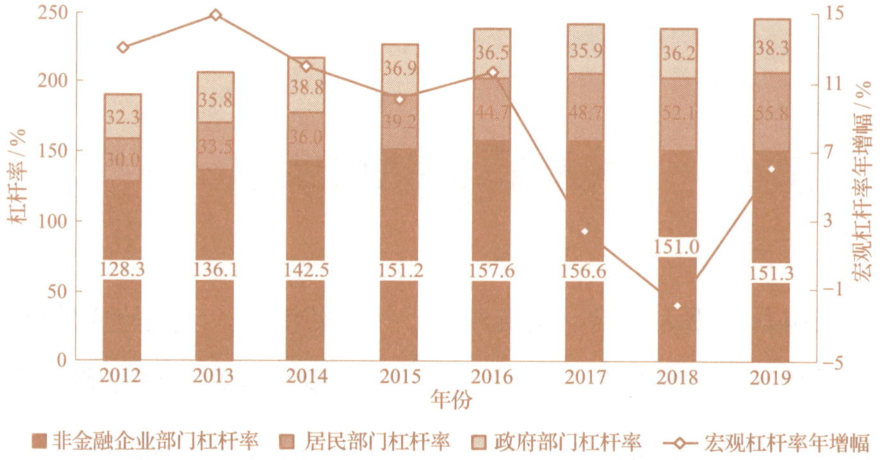

图3–7 2012—2019年我国各部门杠杆率及宏观杠杆率年增幅

金融等领域重大风险得到有效防控。地方政府债务存量风险有序化解，目前我国地方政府债务率低于国际通行的预警线。依法加快建立规范的地方政府举债融资机制，形成了覆盖地方政府债务限额管理、预算管理、新增债券发行、存量债务置换、风险预警、应急处置、信息公开、日常监督等各环节的闭环管理体系。通过综合运用多种政策工具增加流动性供给，中小银行局部性、结构性流动性风险得到稳妥化解。通过及时调整外汇风险准备金政策，适时启动逆周期因子，调控离岸人民币流动性，有效应对跨境资本流动冲击，使人民币汇率在合理均衡水平上保持基本稳定。

金融市场发展更加规范。监管制度短板加快补齐，资管新规及配套实施细则颁布出台。金融市场乱象得到整治，影子银行无序发展风险得到控制。金融秩序得到大力整顿，互联网金融等涉众风险得到有效治理，国内 173 家虚拟货币交易及代币发行融资平台已全部无风险退出。高风险机构得到平稳有序处置，中小银行“精准拆弹”取得阶段性成果。民营企业债券违约事件得到有序处置。金融生态得到净化，金融系统抵御风险能力进一步增强。

房地产市场调控有序推进。坚持“房子是用来住的、不是用来炒的”定位，多主体供给、多渠道保障、租购并举的住房制度加快建立，房地产调控长效机制不断完善。

二、脱贫攻坚取得决定性进展

脱贫攻坚目标任务接近完成。按现行农村贫困标准，贫困人口从 2012 年末的 9 899 万人减少到 2019 年末的 551 万人，累计减贫 9 348 万人，农村贫困发生率从 2012 年末的 10.2% 下降到 2019 年末的 0.6%（见图 3–8）。52 个未摘帽贫困县 2020 年将全部摘帽，区域性整体贫困基本得到解决。2013—2019 年，832 个贫困县农民人均可支配收入由 6 079 元增加到 11 567 元，年均增长 9.7%，比同期全国农民人均可支配收入增幅高2.2个百分点。贫困群众“两不愁”质量水平明显提升，“三保障”突出问题总体解决。

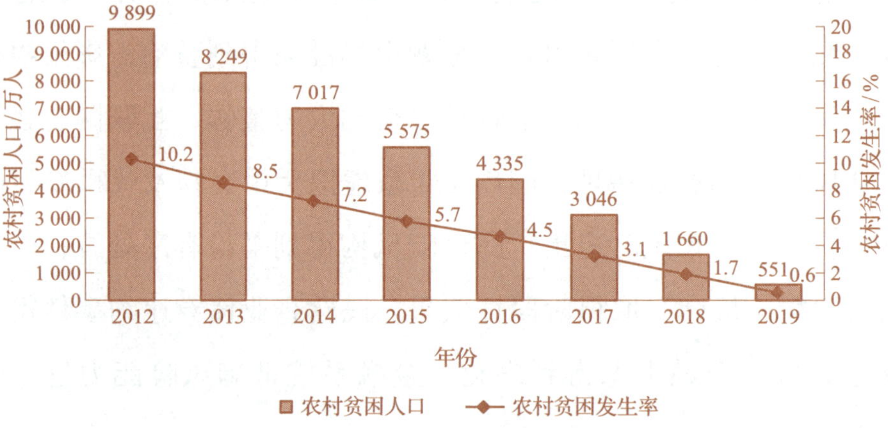

图3-8 2012—2019年我国农村贫困人口及农村贫困发生率

贫困地区基本生产生活条件明显改善。具备条件的建制村全部通硬化路，村村都有卫生室和村医，10.8万所义务教育薄弱学校的办学条件得到改善，农网供电可靠率达到99%，深度贫困地区贫困村通宽带比例达到98%，约960万贫困人口通过易地扶贫搬迁摆脱了“一方水土养活不了一方人”的困境。贫困地区群众出行难、用电难、上学难、看病难、通信难等长期没有解决的老大难问题普遍解决，义务教育、基本医疗、住房安全有了保障。贫困地区特色产业不断壮大，产业扶贫、电商扶贫、光伏扶贫、旅游扶贫等快速发展，贫困地区经济活力和发展后劲明显增强。通过生态扶贫、易地扶贫搬迁、退耕还林还草等方式，贫困地区生态环境明显改善，贫困户就业增收渠道明显增多，基本公共服务日益完善。

» 专栏 3-1

易地扶贫搬迁：解决了全国约 1/5 贫困人口的脱贫问题

易地扶贫搬迁是解决“一方水土养活不了一方人”、实现贫困群众跨越式发展的根本途径，也是打赢脱贫攻坚战的重要途径。2015 年 11 月 27 日，中央扶贫开发工作会议把易地扶贫搬迁作为“五个一批”精准扶贫工程重要组成部分。

“十三五”期间，全国规划对约 1 000 万建档立卡贫困人口实施易地扶贫搬迁（占全国贫困人口近 1/5），涉及 22 个省份近 1 400 个县市。截至 2020 年 6 月底，易地扶贫搬迁工作已经取得决定性成就，全国共建成集中安置区约 3.5 万个，建成安置住房 266 万多套，约 960 万建档立卡贫困人口已基本实现搬迁入住。

通过实施易地扶贫搬迁，不仅有效解决了近 1 000 万贫困人口的脱贫发展问题，推动迁出区生态环境恢复了绿水青山，还为搬迁群众脱贫发展打下了坚实基础，彰显了中国共产党领导和中国特色社会主义制度的政治优势，为全球减贫事业贡献了中国智慧和中国方案，也为其他国家类似地区减贫和移民事业提供了重要借鉴。

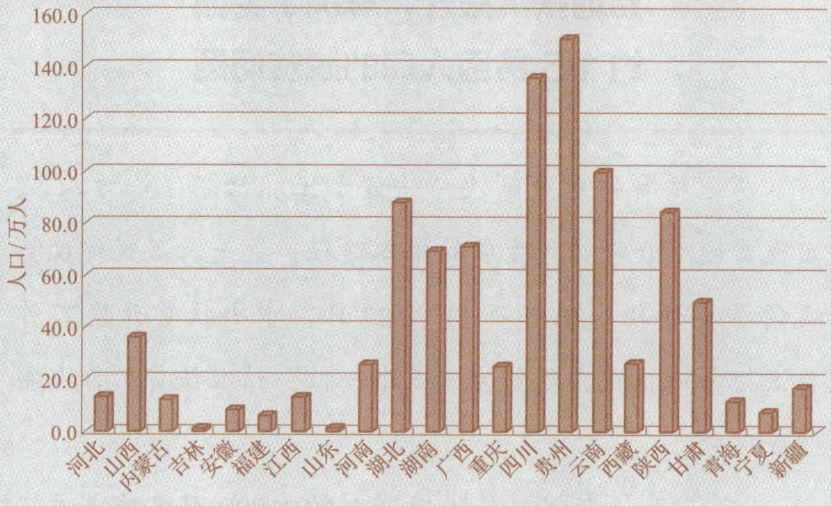

“十三五”期间各地易地扶贫搬迁人口

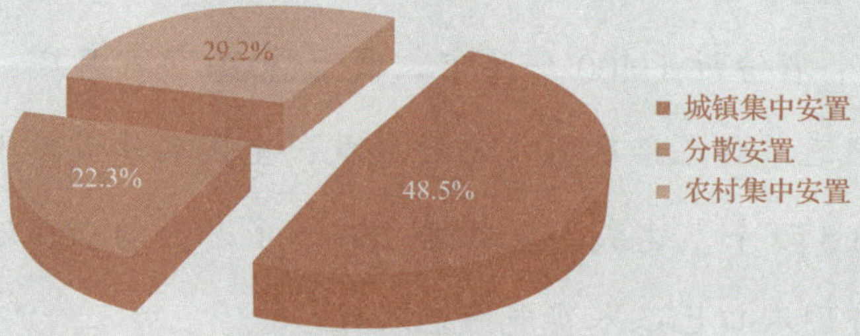

不同安置类型人数比例

中国特色脱贫攻坚制度体系加快构建。在脱贫攻坚伟大实践中，注重加强党对脱贫攻坚工作的全面领导，建立了各负其责、各司其职的责任体系，上下联动、统一协调的政策体系，因地制宜、因村因户因人施策的帮扶体系，多渠道、全方位的监督体系和最严格的考核评估体系，形成了中国特色脱贫攻坚制度体系。有力彰显了中国共产党领导的政治优势和中国特色社会主义制度优势。在贫困治理中，通过制定综合性扶贫脱贫思路，以扶贫对象需求为导向、分类施策，采取针对性扶贫措施，使扶贫资源供给与扶贫对象需求有效衔接，扶贫综合性与精准度有机结合，实施了精准扶贫和精准脱贫，为打赢脱贫攻坚战提供了制度保障和坚实支撑。

中国减贫方案和减贫成就得到国际社会普遍认可。从减贫速度看，中国贫困发生率下降速度明显快于全球下降速度。特别是2013年实施精准扶贫、精准脱贫以来，每年减少贫困人口1 300多万，有力加快了全球减贫进程，为其他发展中国家树立了标杆，提供了榜样，坚定了全世界消除贫困的信心。联合国秘书长古特雷斯发贺信称赞中国的减贫方略，指出“精准减贫方略是帮助最贫困人口、实现2030年可持续发展议程宏伟目标的唯一途径。中国已实现数亿人脱贫，中国的经验可以为其他发展中国家提供有益借鉴”。

三、污染防治迈出关键步伐

生态文明建设有力有序持续推进，绿水青山就是金山银山理念深入人心，打赢蓝天保卫战、打好碧水保卫战、推进净土保卫战取得显著成效，主要污染物排放总量得到控制，生态环境质量持续好转，人与自然和谐共生的格局加快形成。

大气环境治理方面，出台实施《大气污染防治行动计划》即“大气十条”。2013 年“大气十条”发布实施，经过不懈努力，全国空气质量明显改善，重污染天气较大幅度减少。74 个重点城市细颗粒物（$PM_{2.5}$）年均浓度从 2013 年的 72.4 微克 / 立方米下降到 2019 年的 44.2 微克 / 立方米，可吸入颗粒物（PM_{10}）年均浓度从 118.5 微克 / 立方米下降到 74.3 微克 / 立方米，分别降低 39.0% 和 37.3%，全国地级及以上城市 $PM_{2.5}$ 年均浓度从 2016 年的 43.9 微克 / 立方米下降到 2019 年的 36.3 微克 / 立方米，PM_{10} 浓度从 79.1 微克 / 立方米下降到 63.8 微克 / 立方米。二氧化硫（SO_2）浓度持续大幅改善，2019 年全国 SO_2 浓度为 11 微克 / 立方米，与欧美等国家浓度相当，比 2013 年下降 65.6%，337 个城市连续两年 SO_2 全部达标。同时，摸清了重污染天气成因，厘清了京津冀及周边地区秋冬季以 $PM_{2.5}$ 为特征的大气重污染成因，构建了国内最大的天地空综合立体观测网，定量解析了污染排放、气象条件、化学转化对大气重污染的影响并形成科学共识。

» 专栏 3-2

生态文明制度建设成果显著

党的十八大以来，我国生态文明事业发展实现历史性、转折性、全局性变化，制度建设加快推进。《关于加快推进生态文明建设的意见》和《生态文明体制改革总体方案》相继出台，40多项涉及生态文明建设的改革方案制定落实，《大气污染防治行动计划》《水污染防治行动计划》和《土壤污染防治行动计划》颁布实施，《中华人民共和国环境保护法》《中华人民共和国节约能源法》修订施行，《关于构建现代环境治理体系的指导意见》《“十三五”节能减排综合工作方案》《国家节水行动方案》《循环发展引领行动》印发实施。在福建、江西、贵州、海南开展国家生态文明试验区建设，开启了生态文明建设新篇章。

水环境治理方面，大江大河治理成效日益显现。截至2019年底，全国1 940个国家地表水考核断面中，Ⅰ～Ⅲ类水质断面比例为74.9%，同比上升3.9个百分点（见图3–9）。扎实推进城市黑臭水体治理、渤海综合治理、长江保护修复、农业农村污染治理等行动计划。全国直辖市、省会城市、计划单列市黑臭水体消除96.2%，排查长江入河排污口60 292个、渤海入海排污口18 886个，长江流域总磷超标断面个数同比下降40.7%。以长江水环境治理为例，通过推进劣Ⅴ类国控断面整治、入河排污口排查整治、“绿盾”行动、“三磷”排查整治、“清废”行动、饮用水水源地保护、黑臭水体治理、工业园区污水处理设施整治等重点工作，长江等水环境保护修复工作取得明显进展。2020年一季度，长江流域好于Ⅲ类水质断面比例提高到94.5%，同比上升7.1个百分点；劣Ⅴ类水质断面比例下降到0.4%，同比降低1.4个百分点。

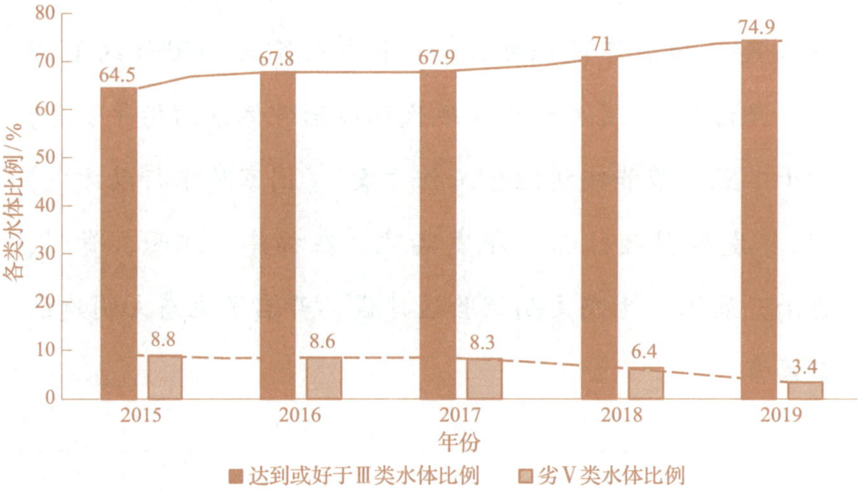

图3–9 2015—2019年我国水环境质量总体趋势

土壤保护方面，净土保卫战取得积极成效。中央财政设立土壤污染防治专项资金，2016年以来累计下达280亿元，有力支持了土壤污染状况详查、土壤污染源头防控、土壤污染风险管控和修复、土壤污染综合防治先行区建设、土壤污染治理与修复技术应用试点、土壤环境监管能力提升等。目前，我国土壤污染加重趋势得到初步遏制，农用地土壤环境状况总体稳定。

固体废物管理方面，“无废城市”建设稳步推进。发布8项“无废城市”建设相关国家标准，筛选70多项“无废城市”建设试点亟须的污染防治技术，磷石膏、废玻璃资源综合利用增值税优惠政策调整完善，绿色矿山有序建设，累计创建了231家绿色商场，支持24个畜牧大县开展畜禽粪污资源化利用，试点城市绿色金融得到大力发展。一些“无废城市”试点城市探索推进生活垃圾源头分类、全量焚烧、近零填埋模式，取得阶段性成效。

资源使用效率方面，单位GDP能耗水耗大幅下降。各地区、各部门认真贯彻落实能源消耗总量和强度“双控”工作部署，大力推进各项工作，取得了积极成效。单位GDP能耗从2012年的0.766吨标准煤/万元下降到2019年的0.571吨标准煤/万元，降幅达25.5%，2012—2019年单位GDP二氧化碳排放累计下降42.6%。国家节水行动稳步推进，全国用水效率进一步提升，万元GDP用水量从2012年的129立方米降至2019年的67立方米，万元工业增加值用水量从2012年的76立方米下降到2019年的42立方米。当前，我国已成为世界上利用新能源和可再生能源第一大国。2019年，我国天然气、水电、核电、风电等清洁能源消费量占能源消费总量的23.4%，比上年上升1.3个百分点。

生态保护方面，自然生态系统和环境保护力度不断加大。水土流失综合治理稳步推进，天然林保护制度不断完善，退耕还林还草进一步扩大，荒漠化、石漠化综合治理取得明显成效，湖泊、湿地面积不断扩大，自然保护区保护成效显现，重大生态修复工程推进实施，生态保护和建设不断取得新成效，国家生态状况显著改善。特别是我国森林质量与效益不断提高，森林多种功能得到实现，健康稳定优质高效的森林生态系统正逐渐形成。2015 年底我国森林覆盖率为 21.66%，2019 年底为 22.96%，森林蓄积量达到 175.6 亿立方米。

第四节

创新型国家建设步伐加快

我国始终将创新作为引领发展的第一动力，摆在国家发展全局的突出重要位置。随着创新驱动发展战略深入实施，国家创新能力和创造活力得到全面提升，创新对建设现代化经济体系的战略支撑作用凸显，为跻身创新型国家前列奠定了坚实基础。

一、重大科技成果持续涌现

战略高技术研究成果丰硕。超级计算机连续 10 次蝉联世界之冠，采用国产芯片的“神威·太湖之光”获得高性能计算应用最高奖“戈登·贝尔”奖，载人航天和探月工程取得天宫、神舟、嫦娥、长征系列等重要成果，北斗三号全球卫星导航系统正式开通，载人深潜、深地探测、国产航母、大型先进压水堆和高温气冷堆核电、天然气水合物勘查开发、纳米催化、金属纳米结构材料等正在进入世界先进行列，时速600公里高速磁悬浮试验样车下线。

基础研究和关键核心技术攻关取得新突破。基础研究支持力度不断加大，数学、物理等基础学科建设得到加强，“从0到1”的原始创新加速积累。布局建设核高基、宽带移动通信等国家科技重大专项，实施科技创新2030重大项目、国家重点研发计划等，创新成果加速涌现。

二、科技创新重大工程项目稳步推进

国家重大科技基础设施布局和性能不断优化。近年来，我国围绕战略高技术向深空、深海、深地、深蓝拓进的需要，布局建设了一批重大科技基础设施。布局建设的57个重大科技基础设施项目，已建成30个；其中，上海光源、强磁场、散裂中子源、中国“天眼”、硬X射线自由电子激光装置、高能同步辐射光源等一批综合性能处于国际先进水平的设施，推动我国重大科技基础设施综合性能迈上了新台阶。

重大科技基础设施在经济社会发展、科技创新和国家安全中发挥了不可替代的作用。稳态强磁场实验装置建设过程中，成功突破了800毫米孔径、磁场强度10特斯拉的铌三锡超导磁体设计及加工等技术难关，打破国际技术封锁，带动了西部超导等一批国产装备企业发展。高能同步辐射光源验证装置，国内首次实现加速器小孔径真空室内壁镀膜，打破国际垄断禁售，推动我国超高真空领域技术发展。随着重大科技基础设施相继投入运行，有力推动我国一批重要学科领域实现从跟跑向并跑再到部分领跑的转变，增强了我国在粒子物理、核聚变、载人航天、基因检测等前沿领域的国际话语权。

三、国家创新体系建设有序推进

区域创新体系持续完善。科技创新中心建设扎实推进，北京全国科技创新中心、上海具有全球影响力科技创新中心、粤港澳大湾区国际科技创新中心建设积极推进，协同发展、各具特色、国际一流的区域创新高地正在逐渐形成。北京怀柔、上海张江、安徽合肥等综合性国家科学中心建设扎实推进，原始创新根基更加牢固。通过集中支持、协同支持、持续支持，这些高地的创新集聚效应更加明显，创新体系更加健全，创新投入产出效率较大幅度提升。

产业创新体系不断健全。聚焦解决集成电路、生物育种等战略性领域关键技术问题，依托行业龙头企业布局建设了一批国家产业创新中心、国家技术创新中心、国家制造业创新中心、国家工程研究中心、国家企业技术中心等创新平台，企业创新主体地位不断强化。国家自主创新示范区和高新区成为培育高新技术产业的核心载体，169 个国家高新区生产总值达 12 万亿元，经济总量占全国的十分之一以上。全国高新技术企业达到 22.5 万家，科技型中小企业超过 15.1 万家。

科技体制改革和创新生态建设加快推进。科技体制改革不断深化，一批基础性的科技制度建立起来，成果转移转化机制不断完善，打通了科技、金融、产业和成果转化的通道。通过破除唯学历、唯资历、唯论文、唯奖项“四唯”倾向，科技评价体系进一步完善。2019 年全国技术交易额达到 2.2 万亿元，超过了 2019 年度全社会研发支出总额（见图 3–10）。

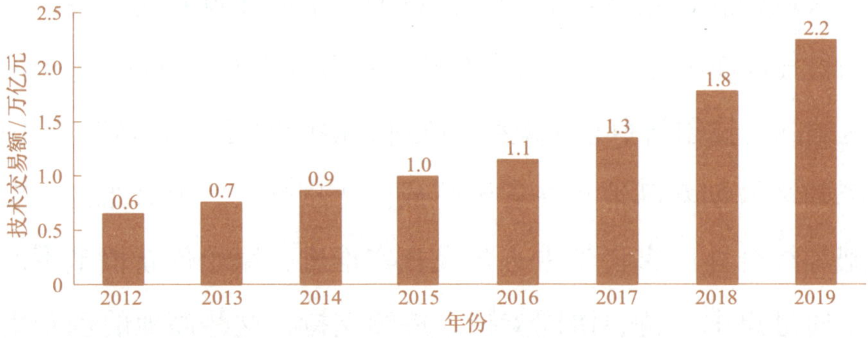

图 3–10　2012—2019 年全国技术交易额

创新创业创造深入推进。《关于强化实施创新驱动发展战略进一步推进大众创业万众创新深入发展的意见》出台实施，创新创业政策体系进一步完善。国家支持建设了 120 家双创示范基地、5 739 家众创空间，推进建设 297 家国家级和 2 690 家省级小型微型企业创业创新示范基地，创业服务能力进一步提高。创新创业服务支撑体系不断完善，全社会创新创业热情持续高涨，“互联网平台 + 创业单元”新模式新业态加速发展，改变了传统服务模式，引领带动高校毕业生、农民工等重点群体实现更大规模、更高质量创业就业。

第五节

改革开放实现新突破

党的十八大以来，改革呈现全面发力、多点突破、蹄疾步稳、纵深推进的局面，中国特色社会主义制度更加完善，国家治理体系和治理能力现代化水平明显提高；对外开放迈出重大步伐，共建“一带一路”不断走深走实，高水平开放型经济新体制加快构建，更大范围、更宽领域、更深层次的全方位开放格局正在形成。

一、重要领域改革取得重大突破

政府职能转变持续推进。深入推进行政审批制度改革，大幅削减行政审批事项，彻底终结非行政许可审批，党的十八大以来，国务院部门行政审批事项削减44%，非行政许可审批彻底取消，行政审批中介服务事项压减 74%。全面改革商事制度，工商登记由“先证后照”改为“先照后证”，前置审批事项压减 87% 以上，注册资本由“实缴制”改为“认缴制”，“多证合一、一照一码”改革不断深化，使企业开办时间缩短 1/3 以上。取消、停征、减免 1 100 多项中央和省级政府行政事业性收费。深化公共资源交易平台整合共享，公共资源交易效率不断提高。行业协会商会与行政机关脱钩改革即将全面完成，包括 422 家全国性协会和 5 万多家地方协会在内的约 70% 的协会已完成脱钩，373 家全国性协会和近 2 万家地方协会正在有序实施脱钩改革。政会分开、管办分离、自主办会、有效监管的新型管理体制和运行机制基本建立。

营商环境持续优化。颁布实施《优化营商环境条例》，构建中国营商环境评价体系，2018 年在全国 22 个城市开展了两批次试评价；2019 年，对直辖市、计划单列市、省会城市和部分地县级市等 41 个城市和东北地区 21 个城市开展了营商环境评价。规范投资审批行为，投资审批“一网通办”水平不断提高，投资项目审批环节继续精简。部门联合“双随机、一公开”监管逐步推行，“互联网 + 监管”事项清单加快制定，全国信用信息共享平台功能和服务不断完善，以信用为基础的新型监管机制加快构建。全国一体化政务服务平台上线试运行，金融信用信息数据库服务网络覆盖全国。积极支持民营企业改革发展，出台《关于营造更好发展环境 支持民营企业改革发展的意见》《关于加强金融服务民营企业的若干意见》，支持民营企业改革发展的政策体系进一步健全。开展清理政府部门和国有企业拖欠民营企业、小微企业账款专项行动，全国共梳理出逾期欠款 8 900 多亿元，截至 2019 年底已清偿 75%。在多项政策推动下，我国营商环境持续优化，我国营商环境全球排名从 2013 年第 91 位跃升至 2019 年第 31 位。

国有企业改革持续深化。出台《关于深化国有企业改革的指导意见》，在国企分类、发展混合所有制经济、完善国资监管体制、改革央企负责人薪酬制度等方面出台 35 个配套文件，基本形成国企改革“1+N”政策体系。混合所有制改革加快推进，先后启动四批超过 200 家国企混改试点，在完善治理、强化激励、突出主业、提高效率方面取得重要阶段性成效，初步实现了企业活力增强、国有资本功能放大的改革目标。

现代市场体系建设加快完善。建立公平开放透明的市场规则，出台《关于实行市场准入负面清单制度的意见》，全国统一的市场准入负面清单印发实施。出台《关于构建更加完善的要素市场化配置体制机制的意见》，推进要素市场制度建设。农村土地征收、集体经营性建设用地入市和宅基地改革试点取得突破，在总结试点经验基础上，修订完成《中华人民共和国土地管理法》，推动构建城乡统一的建设用地市场。开展工业用地市场化配置改革试点，推动一级市场多方式出让，二级市场灵活流转，出台《关于完善建设用地使用权转让、出租、抵押二级市场的指导意见》。出台《关于促进劳动力和人才社会性流动体制机制改革的意见》《人力资源市场暂行条例》，进一步畅通劳动力流动渠道，建立起统一规范的人力资源市场体系。

财税体制改革深入推进。现代预算管理制度框架更加健全，正式实施新预算法，建立以四本预算为主体的政府预算体系，完善地方政府债务管理制度；出台全面实施预算绩效管理的意见，加大人大审查监督力度。税制改革取得积极进展，落实税收法定原则，全面推开“营改增”，征收66年的营业税退出历史舞台，持续推进增值税改革，降低增值税税率、减并税率级次，构建更加简洁、公平的增值税制度，逐步建立留抵退税机制，完善消费税制度，开征环境保护税，全面推进资源税改革，初步建立综合与分类相结合的个人所得税制度。房地产税立法列入全国人大常委会立法计划。

金融体制改革步伐加快。创新完善金融宏观调控体系，建立健全货币政策为主的金融调控框架，形成货币政策和宏观审慎政策双支柱调控框架。创设短期流动性调节工具、常备借贷便利、中期借贷便利、抵押补充贷款等流动性调节工具，完善“三档两优”存款准备金政策框架，将差别准备金动态调整机制升级为宏观审慎评估体系（MPA）。2013—2019年，广义货币M_2增速由13.6%回落到8.7%，社会融资规模增速由17.5%回落到10.7%，货币供应增长与名义经济增长基本匹配。利率和汇率市场化改革持续深化。存款保险制度顺利实施。全面放开存贷款利率管制，健全利率走廊，完善贷款市场报价利率形成机制（LPR），推动贷款基准利率和市场利率“并轨”。人民币汇率市场化形成机制逐步完善，人民币汇率弹性不断增强。

投融资体制改革大力推进。取消下放审批权促进投资便利化，实行企业投资项目负面清单制度，四年三次修订核准目录。确立非核准类企业投资项目告知性备案管理制度。建立以精简前置、并联审批为核心的新型核准制度，清理规范投资项目报建审批事项。加强政府投资法治化建设，推动出台《政府投资条例》。强化事中事后监管和优化服务，同步推进权力取消下放后的配套制度建设，建设应用全国投资项目在线审批监管平台。推动投资项目承诺制改革。深化工程咨询行业改革。

价格改革深入推进。市场在资源配置中起决定性作用明显提升。水电油气运等重点领域价格改革纵深推进，竞争性领域和环节价格大幅放开，中央政府定价项目由约100项缩减为16项；地方政府定价项目由平均100项缩减为平均32项，政府定价范围主要限定在重要公用事业、公益性服务和网络型自然垄断环节，市场调节价比重已超过97%。输配电、天然气管道运输等垄断环节价格监管不断加强，以“准许成本+合理收益”为核心的定价制度基本确立。公用事业、公共服务、能源资源等领域价格机制进一步健全，促进绿色发展价格机制不断创新完善，在引导资源优化配置、推动提升供给质量效率等方面发挥了积极作用。

二、开放型经济新体制逐步健全

贸易强国建设稳步推进。积极适应外贸发展新常态，加快培育外贸竞争新优势，推动货物贸易转型升级和服务贸易加快发展。积极发展跨境电商、市场采购贸易和外贸综合服务企业等贸易新业态，利用数字技术推动对外贸易线上线下融合。加快服务外包向高技术、高附加值、高品质、高效益转型升级。出台扩大进口促进对外贸易平衡发展、口岸管理体制改革、通关便利化等一系列支持性政策，持续推进国际贸易自由化便利化发展。成功举办两届中国国际进口博览会，为世界各国产品开拓中国市场提供机遇。区域全面经济伙伴关系协定（RCEP）谈判取得重大进展。2019 年，我国实现商品进出口总额达 45 761 亿美元，其中出口总额 24 990 亿美元，连续 11 年成为全球货物贸易第一出口大国。

外商投资环境持续优化。《中华人民共和国外商投资法》颁布实施，构建了新时代外商投资促进、保护、管理基本制度，为形成公平、透明、可预期的投资环境提供更有力的法制保障。全面实行准入前国民待遇加负面清单管理制度，持续压减外资准入负面清单，在服务业、制造业、采矿业、农业等领域推出重大开放措施，在自贸试验区进行扩大开放试点，负面清单之外领域给予内外资平等待遇，全国和自贸试验区外资准入负面清单分别缩减至 33 条、30 条。多次修订《外商投资产业指导目录》《中西部地区外商投资优势产业目录》，鼓励外资进一步融入我国产业体系和创新体系。2019 年，在全球经济增长放缓、跨国投资低迷、各国引资竞争加剧的条件下，我国吸收外资实现逆势增长，达到 1 412.3 亿美元（见图 3–11），规模再创历史新高，稳居发展中国家首位、全球第二位。

图 3–11　2012—2019 年我国吸收外资规模

推动境外项目合作有序开展。搭建多双边合作机制，引导企业按照“企业主体、市场导向、商业原则、国际惯例”的原则参与国际产能合作和第三方市场合作。深化重点领域国际合作，推动有条件、有实力的企业拓展国际市场，推动形成互利共赢的全球产业链体系，全面带动中国设计、品牌、工程装备和技术标准走出去，对外承包工程的规模、效益和影响力全面提升。健全促进对外投资政策和服务体系，推动中资企业境外合规经营，有效防范境外合作风险。2019 年，中国全行业对外直接投资 1 171.2 亿美元，中国境内投资者共对全球 167 个国家和地区开展非金融类直接投资。

区域协同开放格局初步形成。东部地区开放优势不断巩固，西部地区开发开放全力推进，中部地区开放型经济加快发展，东北地区开放合作培育新亮点，边境经济合作区、跨境经济合作区等区域开放平台加快建设，东西双向互济、陆海内外联动的区域开放新格局初步形成。实现沿海省份自由贸易试验区全覆盖，向全国累计复制推广 223 项制度创新成果。加快推进海南自由贸易港建设，积极探索对接国际规则标准、促进贸易投资便利化，推动国内制度创新与国际经贸新规则接轨。

» 专栏 3-3

自由贸易试验区、自由贸易港建设稳步推进

一、自由贸易区建设稳步推进

建设自由贸易试验区是以习近平同志为核心的党中央在新时代推进改革开放的一项战略举措，在我国改革开放进程中具有里程碑意义。习近平总书记多次作出重要指示，强调要不断提高自贸试验区发展水平，形成更多可复制可推广的制度创新成果，把自由贸易试验区建设成为新时代改革开放的新高地。2013 年 9 月以来，我国分 5 批先后设立了上海、广东、天津、福建、辽宁、浙江、河南、湖北、重庆、四川、陕西、海南省全岛、山东、江苏、广东、河北、云南、黑龙江等 18 个自贸试验区，并设立上海自贸试验区新片区，形成了东西南北中、陆海统筹开放态势。自贸试验区设立以来，各自贸试验区已累计复制推广 223 项制度创新成果，带动全国营商环境不断优

化，充分发挥对外开放的试验田和引领示范作用。

二、海南自由贸易港建设正式启动

2020年6月1日，中共中央、国务院发布《海南自由贸易港建设总体方案》，提出了在海南建设中国特色自由贸易港的总体制度设计和分步骤分阶段安排。在海南自由贸易港建设开局的关键时刻，习近平总书记作出重要指示强调，要把制度集成创新摆在突出位置，高质量高标准建设自由贸易港。《海南自由贸易港建设总体方案》提出推进贸易自由便利、投资自由便利、跨境资金流动自由便利、人员进出自由便利、运输来往自由便利、数据安全有序流动；构建现代产业体系，大力发展旅游业、现代服务业和高新技术产业；建立与高水平自由贸易港相适应的税收制度，构建系统完备、科学规范、运行有效的自由贸易港治理体系，营造国际一流的自由贸易港法治环境，有针对性防范化解重大风险等一系列重大任务和政策举措。

积极参与全球治理体系改革。加强与联合国、二十国集团（G20）、亚太经合组织（APEC）等多边国际组织合作，在推动经济增长、结构性改革、科技创新、数字经济、基础设施投资等议题中积极贡献中国方案。积极参与世界贸易组织（WTO）改革，坚决维护多边贸易体制的核心价值，旗帜鲜明反对各种形式的贸易保护主义。推动金砖国家合作机制建设，以上海合作组织为基础丰富区域合作机制，深化同 77 国集团等广大发展中国家的共同利益，提高新兴市场和发展中国家的代表性和话语权。加强国际社会应对资源能源安全、粮食安全、网络安全的合作，共同应对气候变化，打击恐怖主义，防范重大传染性疾病等全球性挑战。

三、共建“一带一路”取得重大进展

加强政策沟通，共建“一带一路”国际共识持续扩大。成功举办两届“一带一路”国际合作高峰论坛，多领域、多层次常态化合作机制初步建立，复合型国际合作框架正在形成，国际影响力不断扩大。截至 2020 年 6 月底，已与 138 个国家和 30 个国际组织签署了 200 份共建“一带一路”合作文件，范围涵盖亚洲、欧洲、非洲、美洲、大洋洲等五大洲大多数国家以及联合国等各大重要国际组织。与哈萨克斯坦、老挝等多个国家签署合作规划，合作范围稳步扩大。

加强设施联通，一批标志性项目取得实质性进展。“六廊六路多国多港”的互联互通架构基本形成。中老铁路、中泰铁路、雅万高铁、匈塞铁路、中俄东线天然气管道等一批重大基础设施项目建设取得积极进展。中欧班列成为共建“一带一路”重要品牌，截至 2020 年 6 月底，累计开行超 2.5 万列，运送货物 230 万标箱。疫情发生以来，中欧班列在国际物流受阻的情况下高效运行，逆势增长，对稳定国际供应链、助力沿线国家共同抗疫作出了突出贡献。铁路、海运、民航、邮政快递、能源等领域规划合作及政策对接稳步推进。

» 专栏 3-4

中欧班列运营情况

中欧班列（英文名称 CHINA RAILWAY Express，缩写 CR express）是指按照固定车次、线路、班期和全程运行时刻开行，运行于中国与欧洲以及“一带一路”沿线国家间的集装箱等铁路国际联运列车，是国际铁路运输的新型组织方式。中欧班列安全快捷、绿色环保、受自然环境影响小，与其他运输方式相比具有突出的比较优势，运价水平相当于空运的五分之一，运行时间是海运的四分之一。

中欧班列应中欧间投资贸易的不断扩大而产生，随“一带一路”建设的不断推进而壮大。在习近平总书记关心推动下，有关部门认真贯彻落实党中央、国务院决策部署，各方面共同推动中欧班列从初期培育走向成熟壮大，开行规模不断扩大，开行质量显著提高。目前，已联通欧亚大陆 20 多个国家 100 多个城市，成为深化我国与沿线国家经贸合作的重要载体、推进“一带一路”建设的重要抓手，是共建“一带一路”的旗舰项目和明星品牌，被誉为“一带一路”上的“钢铁驼队”。

中欧班列已形成西、中、东三条主通道，沿主通道铺划了35条运输干线。西通道从新疆阿拉山口（霍尔果斯）口岸出入境，中通道从内蒙古二连浩特口岸出入境，东通道从内蒙古满洲里口岸出入境。截至2020年6月底，中欧班列累计开行超2.5万列，其中去程约1.5万列，回程约1万列，累计运送货物超过230万标箱，综合重箱率达到99.1%。运送货物涵盖手机、电脑、服装、机电、粮食、酒类、木材等诸多品类，整车进出口、运邮成为新的增长点。特别是2020年上半年，受新冠肺炎疫情影响，海运、空运普遍受阻，中欧班列发挥其国际铁路联运分段运输、受人员检疫等限制较少的优势，全力保持安全稳定运行，开行规模实现逆势增长，累计达到5 122列，运送货物10.5万标箱，同比分别增长36%、41%，为稳定国际供应链、促进企业复工复产发挥了重要支撑作用。截至2020年6月底，中国已通过中欧班列累计向意大利、西班牙、德国、俄罗斯等欧洲国家发运超过367万件、2.7万吨防疫物资。中欧班列成为国际防疫救援物资运输的骨干渠道，为全球抗疫贡献了“中国力量”。

中欧班列的快速发展，通过提升交通区位优势、匹配供应链需求、优化要素空间组织，促进了物流与制造、商贸等产业联动，推动了产业落地和集聚，带动了国内外沿线地区经济发展。一方面，中欧班列开辟了我国内陆开放、向西开放的新通道，缩短了与欧洲及沿线国家的时空距离，改善了广大内陆地区的开放条件，有力促进了当地产业结构调整和转型升级。在中欧班列的带动下，重庆、成都、西安等城市的外向型产业快速发展，成为我国内陆地区重要的开放高地。另一方面，中欧班列为沿线国家带来了新的发展机遇，许多国家正是通过中欧班列，认识并参与到共建“一带一路”中来。如白俄罗斯、波兰等中东欧国家，正是通过开行中欧班列强化了本国交通枢纽地位，带动了经济发展。

加强贸易畅通，经贸投资合作不断扩大。截至2019年底，我国与沿线国家货物贸易额累计超过7.8万亿美元，成为25个国家的最大贸易伙伴；我国企业对沿线国家非金融类直接投资累计超过1 000亿美元；对外承包工程新签合同额累计超过9 000亿美元。自贸区建设步伐加快，我国与10多个沿线国家签署自贸协定。成功举办两届中国国际进口博览会和虹桥国际经济论坛。与哈萨克斯坦、塔吉克斯坦、吉尔吉斯斯坦、越南、蒙古等邻国相继开通7条边境口岸农副产品快速通关“绿色通道”。

加强资金融通，多元化投融资体系不断建设。推动成立了亚洲基础设施投资银行和金砖国家新开发银行，设立了丝路基金、中非产能合作基金等20多支专项基金，多边金融合作网络正在形成。与21个沿线国家签署双边本币互换协议，与7个国家建立了人民币清算安排，人民币国际化进程稳步推进。公开发布《“一带一路”债务可持续性分析框架》，成立多边开发融资合作中心，与国际货币基金组织（IMF）合作建立中国—国际货币基金组织联合能力建设中心，金融监管及能力建设合作不断强化。

加强民心相通，人文交流合作不断深入。教育、文化、卫生、援外等领域务实合作稳步开展，设立“丝绸之路”中国政府奖学金，在全球47个国家设立了40个中国文化中心和20个旅游办事处。在政党、社会组织、智库、生态环保等领域建立多边对话机制，国际交流合作不断加强。发起成立“一带一路”新闻合作联盟、国际智库合作委员会、纪录片学术共同体，发起丝绸之路青年学者资助计划、“一带一路”图书馆合作项目、版权贸易合作计划等倡议。中国“一带一路”网正式开通。

第六节

产业结构调整优化深入推进

工业化和信息化融合水平不断提升，现代服务业发展势头良好，基础设施网络支撑作用更加凸显，产业发展向中高端迈进，实体经济、科技创新、现代金融、人力资源协同发展的现代产业体系加快构建。

一、现代产业体系建设步伐加快

产业规模不断壮大。2019 年我国制造业增加值占全球份额接近 30%，相当于美、德、日三国的总和，连续 10 年位居世界首位，钢铁、水泥、汽车等 220 多种工业品产量稳居世界第一，我国制造大国和世界制造业中心的地位不断巩固。2019 年服务业增加值是 2012 年的 2.2 倍，服务消费在居民消费中占比超过 50%，服务业支撑作用不断增强，成为拉动国民经济增长的重要动力和新引擎。

产业结构持续优化。三次产业结构由 2012 年的 9.1∶45.4∶45.5 调整为 2019 年的 7.1∶39∶53.9（见图 3–12），服务业占比和发展质量明显提升，先进制造业、战略性新兴产业加快发展，装备制造业营业收入在制造业中的占比稳定在 27% 以上，建成了一批规模化的产业基地和产业集群，形成了体系化的产业链和全球化的供应链，产业核心竞争力明显提升。

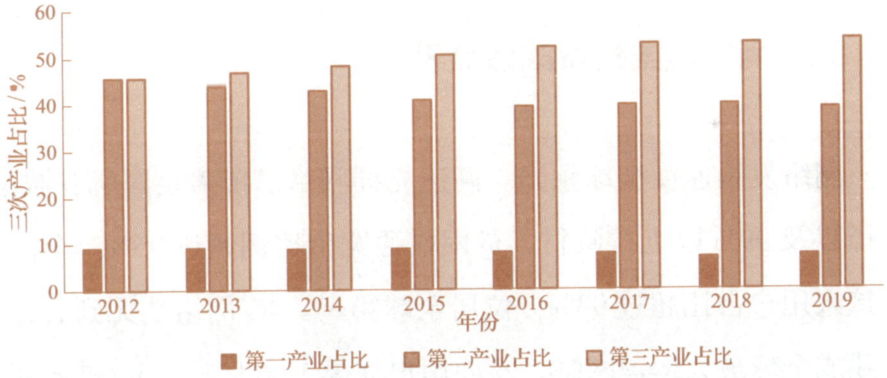

图 3–12　2012—2019 年我国三次产业结构

创新能力显著增强。产业研发投入规模和强度显著提高，创新成果不断涌现，一批关键技术和产品取得突破进展，一批企业依靠技术创新迈向产业链中高端，一些领域正由“跟跑者”向“并跑者”“领跑者”转变。世界知识产权组织（WIPO）发布的全球创新指数（GII）显示，我国排名连续四年上升，2019 年位居世界第 14

位，是中等收入经济体中唯一进入前20名的国家。

产业变革加速推进。数字经济蓬勃发展，数字产业化和产业数字化深入推进。人工智能、大数据、物联网、云计算等新技术不断突破，工业互联网等数字技术加速向产业领域渗透和拓展，产业数字化、网络化、智能化水平有所提升。随着5G商用的规模效应和乘数效应不断释放，产业聚合正催生产业新变革。节能环保、清洁生产等绿色工艺和技术装备水平稳步提升，单位工业增加值能耗明显下降。制造业服务化加快发展，部分制造企业已从过去单纯提供产品向提供产品和服务转变，服务溢价显著提升。

二、网络强国建设成效显著

网络发展速度全球领先。高速光纤网络已覆盖全国所有城市、乡镇以及99%以上行政村，贫困村通宽带比例超过95%。全国光纤接入用户占比超过93%，位居全球第一。4G网络从无到有，现已建成全球最大运营网络，发展用户规模12.6亿户。5G进入商用时代，发展进入快车道。

现代信息技术创新突破。建设了涵盖全产业链的技术研发试验外场，在大规模天线、网络架构、网络编码等关键标准和技术领域取得重大突破。建成全球距离最长的量子保密通信骨干线路“京沪干线”，与“墨子号”量子卫星协同实现星地量子密钥分发，初步具备了安全服务能力。建成全球最大的基于互联网协议第六版

（IPv6）的下一代互联网示范网络，IPv6 规模商用部署进程加速。

信息通信产业快速发展。形成涵盖研发制造、网络运营、应用服务等各环节的产业体系，建成了结构完整、具有较强竞争力的产业链，形成了一批世界领先的创新型企业。目前，我国信息产业规模和电子信息产品出口额均位居世界第一，中国移动、中国电信进入全球电信运营商营收前 10 强，世界市值排名前 30 位的互联网企业中，我国占据 10 席。

网络安全制度体系日趋完善。《中华人民共和国网络安全法》《网络安全审查办法》《云计算服务安全评估办法》等网络安全领域相关管理制度相继出台，个人信息、数据安全等领域制度标准和规范逐步完善。网络安全治理成效明显，网络环境进一步净化，重点行业网络安全保障能力进一步增强。网络安全产业规模稳步增长，云安全、数据安全、工业互联网安全、移动安全等领域成为投资热点。网络安全人才队伍建设力度加大，网络空间安全成为高等学校一级学科，网络安全学院建设快速推进。

第七节

城乡区域发展协调性总体增强

乡村振兴战略和新型城镇化战略协同推进，城乡融合发展体制机制加快建立，美丽乡村建设成效显著，城镇化质量明显提高；主体功能区战略和区域协调发展战略深入实施，区域经济布局进一步优化，主体功能明显、优势互补、高质量发展的区域经济布局初步形成。

一、农业农村现代化加快推进

农业现代化取得明显进展。谷物、肉类、花生、茶叶、水果等农产品产量连续位居世界第一，粮食产量保持在 6 亿吨以上，主要农作物良种覆盖率超过 97%，自主选育品种占比达 95%，农业科技进步贡献率达到 58.3%。农业机械化转型升级取得显著进展，2019 年我国小麦、玉米、稻谷三大主粮已基本实现机械化，2012—2019 年，全国农作物耕种收综合机械化率从 57% 提高到 70% 以上。设施农业、观光休闲农业、农产品电商等新模式快速发展，拓展了农业多种功能。2019 年全国乡村旅游接待游客 32 亿人次，营业收入超过 8 500 亿元，产业内涵由原来单纯的观光游，逐步拓展到民俗文化、农事节庆、科技创意等领域，促进休闲农业和乡村旅游蓬勃发展。新一代信息技术向农业农村领域快速延伸，农产品电商方兴未艾。

新型经营主体大量涌现。国家着力培育各类新型农业生产经营主体和服务主体，农民合作社、家庭农场、龙头企业等数量快速增加，规模日益扩大。截至 2019 年底，全国家庭农场超过 70 万家，依法注册的农民合作社达 220.1 万家，从事农业生产托管的社会化服务组织数量 42 万个。新型职业农民队伍不断壮大，农民工、大中专毕业生、退役军人、科技人员等返乡入乡人员加入新型职业农民队伍。新型经营主体和新型职业农民在应用新技术、推广新品种、开拓新市场方面发挥了重要作用，正在成为引领现代农业发展的主力军。

农村现代化成效显著。农村道路、水、电、气、暖、通信等基础设施不断完善，农村人居环境整治加快实施，农村“厕所革命”加快推进，基本卫生条件明显改善，美丽乡村建设迈出新步伐。农村基本经营制度进一步巩固完善，农村集体产权制度改革试点扎实推进，农村土地"三权分置"办法出台实施，农村承包地确权登记颁证基本完成。

二、新型城镇化建设成效显著

农业转移人口市民化进展良好。户籍制度改革全面落地并向纵深推进，农业转移人口等重点群体落户门槛不断降低。超大城市不断优化积分落户制度，中西部（除西藏）和东北地区除省会（首府）城市外，其他城市基本实现落户"零门槛"，东部地区城市落户条件普遍降低，一些城市专门为特殊行业人员开辟落户通道。居住证制度全面实施，基本公共服务扩面提质。截至2019年底，累计发放超过1亿张居住证。城镇基本公共服务加快覆盖农业转移人口等非户籍常住人口。符合条件的农业转移人口已纳入公租房保障和住房公积金缴存范围，进城落户农民工子女与当地户籍学生一视同仁，城乡居民基本养老保险待遇确定和基础养老金正常调整机制建立，跨省异地就医结算平台覆盖所有县级行政区。"人钱挂钩、钱随人走""人地挂钩、以人定地"政策框架不断完善，财政性建设资金对吸纳农业转移人口较多城市基础设施投资的补助机制持续优化，农业转移人口落户数量成为制定全国土地利用年度计划、安排各地区城镇新增建设用地规模的重要依据。

以城市群为主体的城镇发展格局初步形成。随着城镇化的快速推进，我国城镇布局结构不断优化，集聚效应明显增强，形成了长三角、珠三角、京津冀、成渝、长江中游、中原、哈长、北部湾等城市群，成为推动经济发展的重要引擎，部分城市群已经具备较强的国际经济影响力。京津冀、长三角、珠三角、成渝、长江中游五大城市群以 10.4% 的国土面积，集聚 40% 的人口，创造 55% 的国内生产总值。直辖市、计划单列市、省会城市和其他重要节点城市等中心城市的人口、经济集聚和向外辐射服务能力持续增强。19 个国家级新区、20 个国家自主创新示范区、168 个国家高新区成为城市推动高质量发展的重要抓手。城市群内部大城市对中小城市和小城镇的辐射带动作用逐步增强，城市间基础设施网络建设加速一体化，产业分工效率持续提高，人才流动、公共服务、生态保护、环境质量等多方面合作机制不断完善。

城市可持续发展能力持续增强。城市作为全国产业发展载体和创新高地的作用日益增强，长三角、珠三角、京津冀等地区初步形成人工智能发展核心区，对城市产业转型升级提供了有力支撑。绿色城市建设扎实推进，京津冀及周边地区、汾渭平原地区散煤治理有序开展，“2+26”城市全部纳入中央财政支持北方地区冬季清洁取暖试点范围。新型智慧城市建设再上台阶，在 80 个城市开展“互联网 + 政务服务”信息惠民试点，自然资源、城管、交通、水利、环保等领域的数据融通和示范应用不断加强。人文城市建设逐步深入，特色文化和旅游产业发展提速。

特色小镇规范发展机制不断健全。坚持规范纠偏、典型引路两手抓，推动特色小镇规范健康发展。各地区认真学习借鉴浙江经验，紧密结合本地实际，积极推进特色小镇建设。总体上看，特色小镇建设取得了一定成效、积累了一些经验，涌现出一批产业特色鲜明、要素集聚、宜业宜居、富有活力的精品特色小镇。有的小镇成为新兴产业集聚发展的新引擎，有的开辟了传统产业转型升级的新路径，有的开拓出农业转移人口市民化的新空间，有的成为城乡融合发展的新支点，有的搭建了传统文化传承保护的新平台。据有关机构对 225 个特色小镇的抽样调查，每个特色小镇平均入驻企业 150 多家、吸纳就业 5 000 多人、有效投资 10 亿元、贡献税收几千万元。

三、区域协调发展战略扎实推进

重大区域发展战略深入实施。党的十八大以来，习近平总书记登高望远、统筹全局，准确把握国内外大势，亲自谋划、亲自部署、亲自推动了京津冀协同发展、长江经济带发展、粤港澳大湾区建设、推进海南全面深化改革开放、长江三角洲区域一体化发展、黄河流域生态保护和高质量发展等重大区域发展战略，确立了基本公共服务均等化、基础设施通达程度比较均衡、人民基本生活保障水平大体相当的区域协调发展目标。各地区、各部门积极主动融入国家区域发展战略，创新完善区域政策，推动各项战略任务精准落地，区域发展格局不断优化、协调性进一步增强。

» 专栏 3-5

区域协调发展战略扎实推进

一、京津冀协同发展

协同发展规划体系“四梁八柱”基本形成。中共中央、国务院印发实施《京津冀协同发展规划纲要》，京津冀“十三五”规划及12个专项规划出台实施。雄安新区和北京城市副中心两翼建设高质量推进。雄安新区规划政策体系基本构建，重点建设项目加快推进；北京城市副中心控制性详细规划批复实施，第一批市级机关搬入副中心挂牌办公，通州区与北三县协同发展规划出台实施。有序疏解北京非首都功能成效明显。2014年以来，疏解一般制造业企业1 055家，关停退出一般制造业企业2 387家，疏解提升各类市场和物流中心累计达694个，常住人口2017年以来连续三年下降。交通、生态、产业等重点领域率先突破。北京大兴国际机场正式投运，京张高铁建成通车；2019年京津冀13个主要城市$PM_{2.5}$平均浓度比2013年下降约53%；北京现代汽车沧州第四工厂等产业转移项目建成投产。协同发展体制机制加快构建。截至2019年底，京津冀全面创新改革试验18项改革举措基本完成并逐步向全国推广，中关村企业在津冀设立分支机构累计超过 8 000 家。公共服务共建共享深入推进。三省市基础教育资源共建共享和学校交流合作不断加强，双向转诊、检验结果互认等医疗卫生协作持续推进。

二、长江经济带发展

共抓大保护格局基本形成，实现了生态环境保护和经济发展协同并进。中共中央、国务院印发《长江经济带发展规划纲要》，形成了“1+N”的规划政策体系，顶层设计基本完成。把修复长江生态环境摆在压倒性位置，狠抓生态环境突出问题整改，深入实施生态环境污染治理“4+1”工程，长江水质持续改善。推动长江水运航道区段标准、船舶标准、港口码头管理、通关管理“四个统一”建设，长江南京以下 12.5 米深水航道、荆江航道整治工程已投入使用，5 万吨海船可直达南京，3 000 吨级船舶可常年通达重庆，黄金水道功能不断提升；长江干线 14 个主要港口疏港铁路已全部开工建设，长江集装箱江海联运运量已占到总运量的 60%，长江经济带海关实现通关一体化。积极支持上海崇明、湖北武汉、重庆广阳岛、江西九江开展长江经济带绿色发展示范，支持浙江丽水、江西抚州开展生态产品价值实现机制试点，努力探索绿水青山转化为金山银山的实现路径。建立“负面清单指南+沿江11省市实施细则”的负面清单管理体系，基本实现了对岸线开发、河段利用、区域开发、产业发展的分类管控。建立“国家—省—市”三级水环境质量监测预警体系，实现长江国控断面水环境质量统一监测、统一发布、按月评价、按季预警。长江经济带优良水质比例2019年为80.7%，较2015年底提高13.7个百分点，地区生产总值占全国比重由2015年的42.2%提升至2019年的46.5%，实现了生态环境保护和经济发展双赢。

三、粤港澳大湾区建设

《粤港澳大湾区发展规划纲要》对外公布实施，支持深圳建设中国特色社会主义先行示范区的意见，大湾区科技创新、基础设施互联互通等专项规划，以及金融、财税和商务等领域支持大湾区建设的有关政策措施陆续印发实施，“1+N”规划政策体系逐步完善。国际科技创新中心建设有序推进，“两廊”（广深港、广珠澳科技创新走廊）、“两点”（河套、横琴创新极点）建设框架逐步搭建。加快推进要素高效便捷流动，港珠澳大桥、南沙大桥建成通车，新横琴口岸投入使用并采用“合作查验、一次放行”便捷模式，粤港澳三地跨境通行更加通畅。宜居宜业宜游的优质生活圈加快构建，港澳居民在内地就学、就业更加便利，大湾区居民获得感、幸福感、安全感进一步提升。

四、推进海南全面深化改革开放

制度框架和政策体系基本建立。中共中央、国务院先后印发《关于支持海南全面深化改革开放的指导意见》《海南自由贸易港建设总体方案》。出台海南自贸试验区、国际旅游消费中心、人才体制机制创新、国家生态文明试验区等重大实施方案，深化细化法治建设、民航发展、移民与出入境、教育改革等重大改革举措。先后对外发布77项制度创新案例，实现全省85%的政务服务事项“不见面审批”。洋浦、博鳌乐城国际医疗旅游先行区等重点功能平台发展迅速。市场主体超过100万户，新设立外资企业和实际使用外资连续两年翻番。海南自由贸易港建设正在有序推进。

五、长江三角洲区域一体化发展

一体化制度设计加快完善，中共中央、国务院印发实施《长江三角洲区域一体化发展规划纲要》，长三角生态绿色一体化发展示范区总体方案、交通运输更高质量一体化发展规划发布，金融支持、税务服务长三角一体化的系列政策措施出台实施。协同开放格局不断完善，上海自贸区临港新片区和江苏自贸区获批，特斯拉上海临港超级工厂实现量产，洋山特殊综合保税区一期顺利验收，小洋山北侧集装箱支线码头前期工作取得重要进展。协同创新体系不断健全，上海牵头搭建了长三角科技资源共享服务平台，整合三省一市2 400多家机构的3万多台（套）大型科学仪器设施。一体化发展成果更多惠及长三角居民，异地门诊费用直接结算覆盖长三角全部41个城市，长三角实现跨省身份认证、电子证照共享，三省一市搭建养老数据交换平台，初步建立起统一的急救医疗网络体系，所有通地铁城市实现扫码过闸互通，沪苏浙合作加强太湖蓝藻水华等联合防治，长三角市场监管信息资源实现整合，市场主体数据库基本建成，第一批17条省际断头路全部开工，其中3条已贯通，商合杭、沪通铁路开通运营。

六、黄河流域生态保护和高质量发展

黄河流域生态保护和高质量发展上升为重大国家战略。正加紧开展顶层设计，编制黄河流域生态保护和高质量发展规划纲要，研究提出今后一个时期推动黄河流域生

态保护和高质量发展的总体要求、目标任务、重点工程和政策措施。同步谋划实施一批生态、水利、治污等支撑黄河流域生态环境保护重大工程，促进黄河流域生态保护和高质量发展开好局、起好步。

七、西部大开发

出台新时代推进西部大开发形成新格局的指导意见。印发《西部大开发“十三五”规划》《西部陆海新通道总体规划》和成渝、北部湾、关中平原、呼包鄂榆、兰州—西宁等西部重点城市群发展规划。推进沿边地区开放发展，加强沿边重点开发开放试验区建设。2012—2019 年，西部农村贫困人口由 5 086 万人减少到 323 万人，贫困发生率由 17.5% 下降到 1.1%。截至 2019 年底，西部地区累计实施退耕还林还草 1.37 亿亩。

八、东北振兴

《中共中央国务院关于全面振兴东北地区等老工业基地的若干意见》《国务院关于深入推进实施新一轮东北振兴战略加快推动东北地区经济企稳向好若干重要举措的意见》等系列重要文件印发实施，出台支持东北全面振兴的具体政策和工作方案 70 多项，支持东北地区优化营商环境、推进国企改革、促进民营经济发展、培育壮大新动能、加强与东部地区对口合作。东北全面振兴取得积极进展，经济运行逐步企稳，重大项目加快落地，结构调整扎实推进，粮食综合生产能力显著提高，基础设施不断完善，社会事业蓬勃发展，人民生活水平不断提高。

九、中部崛起

研究制定关于新时代推动中部地区高质量发展的指导意见，出台支持湖北省经济社会发展一揽子政策。2016—2019年，中部地区生产总值从160 646亿元提高到218 738亿元，年均增长7.8%，高于同期全国6.6%的年均增速，居“四大板块”首位，占全国经济的比重从20.6%提高到22.1%，发展质量和效益明显提高，为支撑全国经济稳定增长作出重要贡献。

十、东部率先

东部地区主要经济指标领跑全国，创新动力不断增强，产业升级有力推进，综合承载能力和资源优化配置能力持续提升，东部地区产业有序向中西部转移，区域发展新动能新亮点不断涌现，对全国发展的引领作用更加突出，对外开放潜力进一步释放，参与国际竞争与合作的能力不断增强。

高质量发展的动力源不断增强。京津冀、粤港澳大湾区、长三角等地区引领作用不断凸显。地区发展动能持续增强，规模经济效应进一步显现，创新要素快速集聚，成为推动高质量发展的重要动力源。2019 年，京津冀、粤港澳大湾区和长三角地区生产总值分别达到 8.5 万亿元、11.6 万亿元、23.7 万亿元，占全国比重达 43%；进出口总额占全国比重达到 46.1%，辐射带动周边地区加快发展，在国家现代化建设大局中发挥着龙头带动作用。一些龙头省份的引领带头作用不断显现。2019 年地区生产总值超 3 万亿元的省份数量从 6 个增至 13 个，其中广东省地区生产总值达 10.77 万亿元，成为首个突破 10 万亿元的省份；江苏、山东、浙江、河南超过了 5 万亿元。经济发展轴引领带动作用更加明显。沿海经济带带动作用凸显，2019 年，沿海的 10 个省市地区生产总值占全国比重达 50.5%，进出口总额占全国比重达 73.8%，福建、河北等 5 个省份增速超过全国平均水平。长江经济带发展领跑全国，2019 年 11 个省市中有 9 个经济增速高于全国平均水平，其中贵州、云南、江西等 6 个省份跻身全国增速前十。高铁经济蓬勃兴起。东、中部地区高铁开通后分别拉高批发零售业增速 6 个和 1 个百分点。武广高铁开通后，沿线地区与非沿线地区增速差距扩大 1 个百分点，武汉、长沙、广州旅游收入增速提高 40% 以上。

革命老区、少数民族地区、边境地区等特殊类型地区加快发展。赣闽粤、陕甘宁、大别山、左右江、川陕等重点革命老区脱贫攻坚取得重大进展。边境建设水平不断提升，边民生活水平不断提高，沿边开发开放平台日益丰富，边境贸易稳步发展。民族地区经济社会实现较快发展，中华民族共同体意识持续增强。生态退化地区综合治理稳步推进，生态保护补偿机制不断健全。资源型地区转型发展取得阶段性成果，初步探索出各具特色的转型路径。老工业城市调整改造取得阶段性成效，新旧动能加快转换。

第八节

社会建设成果丰硕

围绕保障和改善民生、提高国民文明素质和构建安定有序的现代社会，聚焦重点领域和重点人群，精准发力、补齐短板，教育现代化、全民健康、文化旅游等领域建设稳步推进，基本公共服务均等化程度不断提高，社会治理能力和现代化水平逐步提升。

一、教育现代化稳步推进

各级各类教育快速发展。教育普及程度大幅提高，人民群众受教育权利得到更好保障。2012—2019 年，全国教育经费总投入由 28 655 亿元增长到 50 175 亿元，增长 75.1%；学前教育在园幼儿由 3 686 万人增长到 4 714 万人，三年毛入园率由 64.5% 提高至83.4%；九年义务教育在校生由1.45亿人增长到1.54亿人，九年义务教育毛入学率由91.8%提高至94.8%；高中阶段毛入学率由85.0%提高至89.5%（见图3–13）；高等教育在学总规模由3 325万人增长到4 002万人。

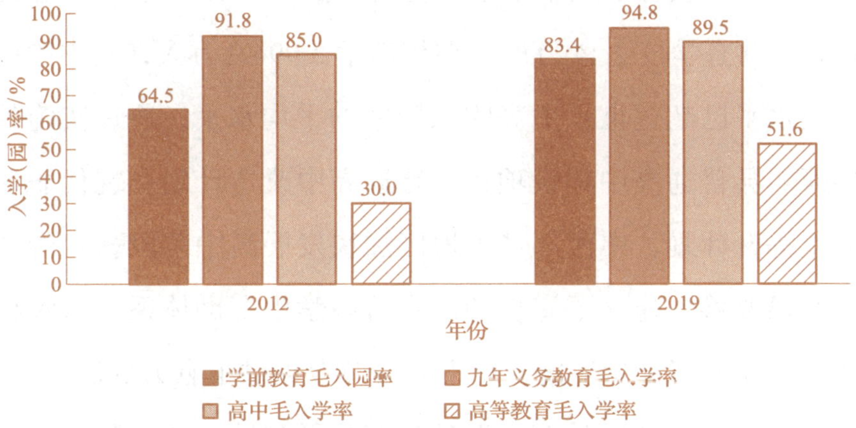

图3–13 我国各级各类教育入学（园）率

普惠性学前教育资源不断扩大。2017—2018年，中央财政投入学前教育专项资金300亿元，地方财政投入超过3 000亿元。2019年中央财政进一步加大投入，将学前教育专项资金从之前的每年约150亿元提高到168.5亿元。相继实施农村学前教育推进工程和优质普惠性学前教育资源扩容项目，集中支持各地扩大普惠性学前教育资源，全国普惠性幼儿园覆盖率逐步提升。

义务教育发展更加公平均衡。截至2019年底，全国有2 767个县实现义务教育基本均衡发展，占全国总县数的95.32%。中西部地区实现义务教育基本均衡发展的县数占比达到93.24%，城乡义务教育差距逐渐缩小。城乡二元结构壁垒有效破除，“乡村弱”“城镇挤”问题不断改善。实施城乡统一的生均公用经费基准定额标准，健全与国家课程标准相匹配的中小学装备配置标准体系，实现“两免一补”政策全覆盖。

高中阶段教育普及水平不断提高。截至2019年底，全国高中阶段教育共有学校2.44万所，在校学生3 994.9万人，高中阶段教育普及水平已超过世界中高收入国家的平均水平。通过实施教育基础薄弱县普通高中建设项目、普通高中改造计划和现代职业教育质量提升计划，中西部贫困地区加快发展高中阶段教育的办学条件明显改善。建立了完善的高中阶段学生资助体系，为农村学生和家庭经济困难学生接受高中阶段教育提供了有力的制度保障，对加快普及高中阶段教育、促进教育公平和社会公正起到了积极作用。

高等教育向普及化阶段迈进。截至2019年底，高等教育毛入学率51.6%，跨入普及化发展阶段。全国共有普通高等学校2 688所，其中，本科院校1 265所，高职（专科）院校1 423所；普通高等学校校均规模11 260人，其中，本科院校15 179人，高职（专科）院校7 776人。农村和贫困地区学生上重点高校人数大幅提升，符合条件随迁子女在流入地参加高考覆盖绝大多数省（区、市），从本专科到研究生教育的家庭经济困难学生资助政策体系不断健全。高校区域布局和办学能力结构不断优化。中西部高等教育振兴计划大力实施，中央财政投入持续加大，通过“部省合建”模式，在尚无教育部直属高校的省份，支持中西部高水平大学建设。

职业教育体系更加完善。《国家职业教育改革实施方案》印发实施，推动职业教育走入特色发展道路。目前，我国已建立起世界规模最大的职业教育体系，截至2019年底，我国有职业院校1.15万所，在校生2 857.2万人，中等和高等职业教育在校生规模分别占我国高中阶段教育和高等教育的“半壁江山”。2019年提出职业教育面向应届高中毕业生和退役军人、下岗职工、农民工等，大规模扩招100万人，成为加快发展现代职业教育、促进就业、解决高技能人才短缺的重要举措。

二、健康中国战略稳步实施

公共卫生体系更加健全。国家公共卫生服务体系不断完善，每千人医疗卫生机构床位数从2012年的3.9张提高至2019年的6.3张，每千人执业（助理）医师数从1.94人提升至2.77人。重大疫情防控和医疗救治能力增强，全国重大疫情救治和应急医学救援网络初步建立，医疗卫生行业平战结合和转换机制建立健全，医疗应急物资储备建设积极推进。有力应对突发的新冠肺炎疫情冲击，全国疫情防控阻击战取得重大战略成果。重大慢性病机会性筛查逐步推广，建立了以健康管理、筛查和早诊早治为重点的慢性病防控体制，基本实现常见慢性病健康管理全覆盖。

医疗资源配置更加优化。公立医疗卫生机构主体地位进一步巩固，现代医院管理制度不断健全，公立医院服务能力和运行效率大幅提升。医疗集团、医共体、专科联盟、远程医疗协助网等多种模式医疗联合体健康发展，进一步推动分级诊疗制度落实。家庭医生签约服务覆盖范围稳步扩大，逐步形成长效激励机制。预防、治疗、康复、长期护理服务链不断健全。整合型医疗卫生服务体系加快建立，危急重症、疑难病症诊疗和专科医疗服务资源得到均衡配置。康复、老年病、长期护理、慢性病管理、安宁疗护等接续性医疗能力进一步提升。社会办医健康发展，公立医院医师多点执业和兼职制度不断完善。

中医药传承创新健康发展。覆盖城乡的中医医疗服务体系逐渐建立，每个县基本具备中医药服务能力，所有二级以上综合医院均能提供中医药服务，中医养生保健机构规范发展。中西医结合进一步发展，重大疑难病、危急重症临床疗效充分显现，中医在新冠肺炎预防和治疗中发挥了重要作用。中医药理论与实践深入发展，中医药防治技术和新药研发取得进展。中医药传统知识保护制度初步建立，推动中医药走向世界。

三、文化事业和文化产业繁荣发展

文化体制改革深入推进。政府文化管理权不断下放转移，有效激发了市场与社会活力。政府通过购买、委托、外包与规范化资助、扶持、奖励的方式推动多元参与，引导社会资本进入公共文化服务和文化产业领域，营造更加规范化、公平化的市场竞争环境。文化产业协会、民间组织“中间人”管理作用充分发挥，创建了更为包容、多元的平台以广泛吸纳民间团体和个人参与，形成政府、市场、社会联动协同治理模式。

文艺创作繁荣发展。文化创造活力进一步迸发，讴歌新时代、反映新成就的优秀文艺作品不断涌现，弘扬了主旋律，传播了正能量。结合改革开放40周年、新中国成立70周年等重大时间节点以及国家重大战略，有计划地推出了一批现实题材作品。科学设置艺术奖项，严格评奖标准和评奖程序，文艺评价制度不断完善。实施艺术人才培养工程，人才队伍更加壮大。实施国家舞台艺术精品创作扶持、戏曲振兴、剧本扶持等7项重大艺术工程，成效显著。举办了中国艺术节、中国京剧艺术节等重大文艺活动，拉动了演出市场繁荣。

公共文化服务均等化水平不断提升。公共文化设施总量显著增长，公共服务能力不断增强，文化馆、综合性文化中心、群众艺术馆、文化站等群众文化机构稳中有增，公共图书馆面积和数量显著增加，各类博物馆数量明显增加。截至2019年底，全国共有公共图书馆3 196个、群众文化机构（文化馆站）44 073个、博物馆5 132个。公共文化服务城乡联动发展机制不断完善，逐步实现优质资源、服务下沉，县城、农村、社区成为公共文化服务的重点。对革命老区、民族地区、边疆地区、贫困地区公共文化服务的扶持力度不断加大，公共文化服务短板得到有效改善。

文化遗产保护利用状况明显改善。文物保护利用改革持续深化，文物保护力度不断加大，“考古中国”研究等一批重大工程顺利实施。全面提升非物质文化遗产保护水平，开展非物质文化遗产记录，建设非物质文化遗产传习体验中心，初步构建起非物质文化遗产现代传播格局。文物和非物质文化遗产保护传承机制不断健全，不断推动中华优秀传统文化创造性转化、创新性发展。

文旅产业蓬勃发展。文化和旅游产业融合发展成为新趋势，文旅消费不断扩大，市场主体不断壮大，服务品质不断提升。2019年，全国规模以上文化及相关产业企业达5.8万家，实现营业收入8.66万亿元，比上年增长7%；全国旅游总收入达6.63万亿元，比上年增长11%。文化产业和旅游产业深度融入国家重大战略，特别是乡村旅游在助力脱贫攻坚方面发挥了重要作用。体育产业快速发展，各种健身场所迅速兴起，有力促进群众体育运动开展。全国人均体育场地面积达到2平方米以上，近4亿人经常参加体育锻炼，我国运动员在各项国际比赛中捷报频传。

四、社会治理能力和水平不断提高

社会治理法治化有序推进。《中华人民共和国慈善法》的出台对慈善活动进行明确界定，同时在规范慈善组织设立运营、慈善财产来源和使用、开展慈善服务、促进慈善事业发展等方面作出规定，开启了中国慈善活动的新时代。《中华人民共和国民法典》的颁布助推社会治理步入新时代，既有利于社会组织治理结构的完善，也有利于促进社会治理的创新。司法监督制度不断健全，人民监督员监督范围进一步扩大，监督程序进一步完善，人民群众有序参与司法的渠道进一步拓宽，人民监督员广泛性、代表性进一步增强，队伍结构更加合理。

社会治理信息化显著提升。“互联网＋政务服务”深入推进，政务服务效率大幅提升。全国各级政府整合网络资源，优化办事流程，加强业务协同，统一的网上服务大厅纷纷建立。群众通过当地政府的网上服务大厅实现越来越多事项的“一窗受理”“一网通办”“最多跑一次”，甚至是“一次不用跑”“不见面审批”，政府部门的工作效率明显提升，人民群众获得感显著增强。政务信息公开深入推进，政府工作更加阳光化、规范化。各级政府和部门积极推进决策、执行、管理、服务和结果全过程公开，全面扩大公众参与，使社会大众全面深入参与到政府治理的各个环节。各级政府广泛应用大数据、人工智能、5G、云计算等科学技术改进管理服务，极大提升了社会治理能力。智能治理基础建设深入推进，高标准建设“雪亮工程”。智能治理深度应用，智能化助推决策科学化、防控一体化、服务便捷化取得明显成效。智能治理安全保障深入推进，人工智能安全防控体系初步建立。依托物联网、数字化平台实现网格化管理在大部分城市铺开，使社会事件处置变被动为主动，集碎片为整体，实现社会治理数据的实时收集、计算和社会服务管理态势动态监测。

社会信用体系建设扎实推进。围绕贯彻落实《社会信用体系建设规划纲要（2014—2020年）》，诚信建设长效机制不断健全。统一社会信用代码制度实现全覆盖。全国信用信息共享平台联通46个部门和所有省区市，“信用中国”网站开通运行，成为信用信息归集共享和公开的“总枢纽”和“总窗口”。重点领域联合激励和惩戒制度陆续实施，并在治理法院执行难、拖欠农民工工资等顽瘴痼疾方面发挥关键作用。重点领域事前信用承诺、事中信用分级分类监管、事后信用奖惩相关制度不断建立健全，贯穿市场主体全生命周期的以信用为基础的新型监管机制加快形成。“信易贷”积极推广，有力促进中小微企业融资。《中华人民共和国社会信用法》立法工作扎实推进，湖北、上海等7个省市出台综合性社会信用体系建设地方性法规。市场化信用服务体系有序发展，征信、信用评级、信用担保等信用服务机构提供日益多样化的信用产品和服务。

多元纠纷化解格局显现。仲裁和诉讼制度逐步健全。《关于完善仲裁制度提高仲裁公信力的若干意见》发布，仲裁在国家治理体系中的作用进一步发挥，仲裁与调解、行政裁决、行政复议、诉讼等有机衔接、相互协调的多元化纠纷解决机制不断健全。诉讼机制进一步完善，以立案登记制改革、最高人民法院增设巡回法庭为代表的诉讼便民利民改革深入推进，设立知识产权法院、跨行政区划法院，一线办案力量、人均办案量、结案率普遍增长，增强了人民群众的获得感。在线纠纷解决机制迅速发展。2017 年，全国首个在线矛盾纠纷多元化解平台在浙江正式运行，为社会治理现代化提供了参考样本。云南省、北京市、安徽省、河南省、广东省、山东省等地建设并上线了具有当地特色的在线纠纷解决机制平台。

第九节

人民生活水平显著提高

围绕人的全面发展和社会全面进步，大力发展各项社会事业，一大批惠民举措落地实施，保障和改善民生取得明显成效，居民收入与经济发展保持同步增长，人民群众获得感、幸福感、安全感显著增强。

一、居民收入和消费稳步提升

居民收入稳步增长。2019 年，居民人均可支配收入超过 3 万元（见图 3–14），城镇居民恩格尔系数和农村居民恩格尔系数分别降至 27.6%、30.0%，大体接近发达国家水平。2013—2019 年，我国居民人均可支配收入年均增长 7.1%，超过同期国内生产总值增速。中等收入群体持续壮大，按照家庭年收入 10 万元至 50 万元的标准，我国中等收入群体已超过 4 亿人，形成了世界上规模最大的中等收入群体。

图 3-14　2013—2019 年全国居民人均可支配收入及同比增长

居民消费层次持续提升。家电全面普及，汽车快速进入寻常百姓家，2018 年全国居民每百户家用汽车拥有量为 33 辆，高于新加坡；居住条件日趋改善，2018 年城镇和农村居民人均住房建筑面积分别为 39 平方米和 47.3 平方米，2019 年城镇住房自有率达到 96%，居世界前列。移动电话普及率由 2015 年的 95.5 部 / 百人上升至 2019 年的 114.4 部 / 百人，2019 年移动互联网用户接入流量是 2015 年的 29 倍。电子商务进农村综合示范深入实施，2019 年农村地区快递网点超过 3 万个，乡镇覆盖率达 96.6%。

二、就业形势保持总体稳定

城镇就业规模进一步扩大。就业优先战略和积极就业政策得到有效落实，就业水平总体稳定，就业质量稳步提升。截至 2019 年底，“十三五”期间全国城镇累计新增就业 5 378 万人，城镇新增就业连续七年保持在 1 300 万人以上（见图 3–15）；城镇登记失业率保持在 4.05% 以内，城镇调查失业率保持在 5.2% 以内。高校毕业生、农民工、退役军人、城镇困难人员就业总体稳定，四年累计就业困难人员再就业 706 万人，城镇失业人员再就业 2 209 万人。

图 3–15 城镇新增就业人数

重点群体就业保障能力进一步提升。深入实施高校毕业生就业创业促进计划和基层成长计划，加强就业引导帮扶，推进青年见习、“三支一扶”等专项计划，帮扶高校毕业生就业。落实农民工常住地就业服务，开展农民工等人员返乡创业试点，推进科技特派员制度，加强农民工就业帮扶。搭建信息化工作平台，健全退役军人就业创业政策体系。完善公益性岗位开发管理办法，加强贫困劳动力精准帮扶，确保零就业家庭动态清零。

就业服务体系进一步健全。深入推进人力资源市场改革，推动就业信息服务平台建设，初步实现就业信息全国互联互通。出台《加快推进公共就业服务信息化建设和应用工作的指导意见》，加快建设省级集中、业务专网管理和互联网经办服务一体的公共就业服务应用系统。出台《人力资源市场暂行条例》，推进人力资源市场诚信体系建设。加强公共就业服务标准化建设，发布《公共就业服务总则》等 8 项国家标准。大力发展人力资源服务业，建立并推行终身职业技能培训制度。安排中央预算内投资支持公共实训基地建设。

就业保障支撑体系进一步完善。"十三五"以来，中央财政累计安排就业补助资金 1 300 多亿元。完善《就业补助资金管理办法》，扩大资金使用范围，简化申请程序。全面推行劳动合同制度，进一步完善劳动关系协调机制。探索开展新就业形态统计监测，正式发布城镇调查失业率。扩大失业监测范围，开展失业预警试点。

三、社会保障水平逐步提高

覆盖城乡居民的养老保障体系基本建成。2019 年，基本养老覆盖人数达到 9.68 亿人，基本养老保险参保率从 2015 年的 82% 提高到 89.25%。企业职工基本养老保险基金中央调剂制度建立，中央调剂比例稳步提升至 3.5%，企业人员基本养老金稳步提高。社会保障卡持卡人数达到 11.5 亿人，持卡人口覆盖率达到 82.8%，基本实现全国一卡通。社会保险筹资机制更加完善，待遇正常调整机制逐步建立，统筹层次和保障水平稳步提高。

全民医保制度更加健全。2019 年参加基本医疗保险人数达到 13.54 亿人，基本覆盖城乡全体居民。职工医保个人账户制度改革持续深化，医保基金统筹层次和统筹水平不断提高，基本医保基金的地市级统筹全面实现，参保率稳定在 95% 以上，医保缴费参保政策不断完善。医保支付方式改革全面推进，实现基本医保的复合式付费方式覆盖所有统筹区域。基本医保参保人异地就医直接结算范围进一步扩大。城乡居民大病保险制度更趋完善，医疗保障扶贫、目录调整工作扎实推进。困难残疾人生活补贴和重度残疾人护理补贴发放实现县（区）全覆盖。

总的看，党的十八大以来，新发展理念日益深入人心，供给侧结构性改革不断深化，高质量发展扎实推进，经济社会发展取得了巨大成就。从《国民经济和社会发展第十三个五年规划纲要》（以下简称《“十三五”规划纲要》）实施情况看，《“十三五”规划纲要》提出的主要目标和重大任务进展顺利。一方面，《“十三五”规划纲要》确定的经济发展、创新驱动、民生福祉、资源环境四大类 25 项主要指标进展顺利，完成进度总体符合预期，预计绝大部分指标能如期完成。受新冠肺炎疫情冲击，个别指标完成情况存在不确定性，要全面完成规划目标还需要付出很大的努力。截至2019年底，每万人发明专利拥有量、互联网普及率、城镇新增就业人数、城镇棚户区住房改造、单位GDP二氧化碳排放降低、森林发展、空气质量、地表水质量、主要污染物排放总量减少等9项主要指标，已提前实现规划目标。另一方面，《“十三五”规划纲要》部署的165项重大工程项目扎实推进，770条细化任务有序实施，工程项目进展情况良好、符合预期进度，一大批标志性工程建成投运。这165项重大工程项目有效发挥了稳增长、补短板、强弱项、惠民生的关键牵引作用，有力支撑了高质量发展和现代化经济体系建设。

第四章

“十四五”时期我国经济社会发展面临的国际国内形势

当今时代最为鲜明的时代特色，就是中华民族伟大复兴战略全局和世界百年未有之大变局的历史交汇。“十四五”时期是我国全面建成小康社会、实现第一个百年奋斗目标之后，乘势而上开启全面建设社会主义现代化国家新征程、向第二个百年奋斗目标进军的第一个五年。当前和今后一个时期，在深刻复杂变化的国内外形势下，我国发展仍然处于战略机遇期，但机遇和挑战都有新的发展变化。要准确把握危和机同生并存的辩证关系，紧扣战略机遇期新内涵，坚定不移抓机遇用机遇，准备迎接和战胜挑战，牢牢把握战略主动。

第一节

世界处于百年未有之大变局的深度演变期

当今世界正经历百年未有之大变局，新兴市场国家和发展中国家的崛起速度之快前所未有，新一轮科技革命和产业变革带来的新陈代谢和激烈竞争前所未有，全球治理体系与国际形势变化的不适应、不对称前所未有，新冠肺炎疫情冲击下大变局加速演变。未来一段时期，和平与发展仍然是时代主题，同时国际环境日趋复杂，世界主要经济体力量对比面临深刻调整变化，世界政治经济格局存在较大变数，不稳定性不确定性明显增强，经济全球化发展进入新阶段呈现新趋势新特点，国际安全形势更趋复杂。变局中危和机同生并存，既存在潜在风险挑战，也存在可以把握用好的重要机遇。

一、世界经济将延续分化发展态势，大国力量对比发生深刻变化

新冠肺炎疫情影响下世界经济陷入深度衰退，疫情防控成效差异成为影响各国经济表现的重要因素。全球疫情何时结束尚未可知，疫情中、疫情后世界主要经济体分化态势仍将继续，新兴经济体综合实力将继续提升，全球经济增长的重心可能从欧美转移至亚洲，全球经济格局多极化趋势更加明显。

（一）疫情冲击下全球经济复苏挑战加大

新冠肺炎疫情对世界经济冲击影响巨大，国际贸易和投资大幅萎缩、国际金融市场动荡、国际交往受限、经济全球化遭遇逆流、一些国家保护主义和单边主义盛行、地缘政治风险上升，全球经济出现大萧条以来最严重衰退，对世界经济中长期发展带来的负面冲击不容低估。2020 年 6 月，国际货币基金组织（IMF）和世界银行分别预测 2020 年全球 GDP 将下降 4.9% 和 5.2%。

发达经济体经济陷入严重衰退。发达经济体投资消费持续低迷，失业率大幅攀升，主要经济指标明显下滑，疫情对经济的影响可能持续较长时间。IMF 预计 2020 年发达经济体 GDP 将下降 8%，其中，美国、欧元区、日本 GDP 分别下降 8%、10.2%、5.8%（见表 4–1）。从历史经验看，发达经济体在经济严重衰退后失业率下

降和经济复苏过程往往较为缓慢。美联储预计到2021年底美国失业率将不低于6.5%，在疫苗问世前，其经济难以完全复苏。未来一个时期，在疫情影响外部冲击和内在结构性矛盾共同作用下，发达经济体经济前景不容乐观。

表4–1 世界经济实际GDP增长率预测 单位：%

主体	2019年	预测	
		2020年	2021年
全世界	2.9	−4.9	5.4
发达经济体	1.7	−8.0	4.8
美国	2.3	−8.0	4.5
欧元区	1.3	−10.2	6.0
德国	0.6	−7.8	5.4
法国	1.5	−12.5	7.3
意大利	0.3	−12.8	6.3
西班牙	2.0	−12.8	6.3
日本	0.7	−5.8	2.4
英国	1.4	−10.2	6.3
加拿大	1.7	−8.4	4.9
其他发达经济体	1.7	−4.8	4.2
新兴经济体和发展中国家	3.7	−3.0	5.9

续表

主体	2019 年	预测	
		2020 年	2021 年
亚洲新兴经济体和发展中国家	5.5	–0.8	7.4
中国	6.1	1.0	8.2
印度	4.2	–4.5	6.0
东盟五国	4.9	–2.0	6.2
欧洲新兴经济体和发展中国家	2.1	–5.8	4.3
俄罗斯	1.3	–6.6	4.1
拉丁美洲和加勒比	0.1	–9.4	3.7
巴西	1.1	–9.1	3.6
墨西哥	–0.3	–10.5	3.3
中东和中亚	1.0	–4.7	3.3
沙特阿拉伯	0.3	–6.8	3.1
撒哈拉以南非洲	3.1	–3.2	3.4
尼日利亚	2.2	–5.4	2.6
南非	0.2	–8.0	3.5
低收入发展中国家	5.2	–1.0	5.2

资料来源：IMF《世界经济展望》，2020年6月。

新兴经济体和发展中国家也受到较强冲击。新兴经济体和发展中国家面临外需市场持续低迷、海外资本加快回流、本国疫情持续加剧等多重挑战，经济脆弱性凸显，目前已有100多个国家向IMF寻求财政援助。IMF预计2020年新兴经济体和发展中国家GDP将下降3%，其中，印度、巴西、俄罗斯、东盟五国（印度尼西亚、马来西亚、菲律宾、泰国、越南）GDP分别下降4.5%、9.1%、6.6%、2%。疫情冲击下，全球总需求大幅萎缩，国际大宗商品价格大幅震荡，可能进入新一轮价格下行周期；国际资本加快向发达经济体回流，新兴经济体跨境资本流动风险加大，本币贬值压力和债务风险加剧；全球贸易投资受到严重制约，传统出口导向型新兴经济体将受到较强冲击。未来一个时期，新兴经济体发展面临的不确定性增强，赶超发展难度可能加大。

疫情后世界经济复苏艰难。各方普遍认为，疫情发展情况对全球经济具有重大影响，若全球疫情在2020年内得到控制，世界经济2021年有望实现复苏，IMF和世界银行分别预计2021年世界经济增速为5.4%和4.2%。疫情后世界经济虽有望重回增长轨道，但存在较强“疤痕效应”，增速可能较疫情前有所放缓。在极端情况下，若疫情出现季节性反复甚至长期蔓延，发生全球经济危机的可能性将急剧上升，不排除陷入全面萧条的风险。

世界经济多极化趋势仍将延续。疫情暴发前IMF预测，2019—2023年，新兴经济体和发展中经济体平均经济增速为4.8%，发达经济体平均增速为1.7%，新兴经济体和发展中国家将保持较强上升势头。此次疫情中，对第三产业依赖性较高的发达经济体受冲击更为严重，新兴经济体和发展中国家有望相对较快恢复，IMF预计

2021年新兴经济体和发展中国家GDP将增长5.9%，高于发达经济体4.8%的增速。从中长期看，新兴经济体总体将保持崛起势头，国际力量对比将更趋平衡。

（二）世界经济发展面临的一些中长期风险值得高度关注

疫情影响下世界经济长期存在的风险隐患逐步暴露，人口老龄化、劳动生产率增长放缓、收入差距扩大、主权债务攀升等制约经济增长的长期性结构性问题仍未消除，宏观经济政策空间减少、低利率环境等新的制约因素凸显，长短期因素交织叠加，外生冲击与结构性问题共振，世界经济中长期增长不确定性增强。

人口老龄化问题日益严重。当前全球普遍面临人口出生率下滑、人口老龄化加剧的较强压力，预计未来发达经济体和部分新兴经济体将普遍出现劳动参与率下降、人口抚养负担加重的情况。联合国2019年人口展望报告预计，全球60岁以上人口占比将由目前的13.5%上升到2030年的16.5%，其中亚洲将由目前的13.4%上升到17.2%。IMF研究认为，全球老龄化负担将持续加重，到2050年将有55个国家老年抚养比超过40%，接近目前日本的人口老龄化程度。

结构性改革进展缓慢。发达经济体结构性改革迟迟难以推动，全要素生产率增速持续下滑，投资需求增长乏力，社会贫富差距扩大。据经济合作与发展组织（OECD）测算，国际金融危机后发达经济体全要素生产率增速明显下降，2008—2018 年美国、德国、英国全要素生产率年均增速较国际金融危机前分别下降 0.7 个、0.2 个、0.3 个百分点。为应对疫情冲击，发达经济体再次出台大规模经济刺激政策，持续推升金融资产和房地产价格，金融与实体经济脱节趋势明显，加剧不同阶层民众收入差距，社会不满情绪增强。发展中国家也普遍面临经济结构单一、社会治理能力不强、民族宗教矛盾尖锐等挑战，经济抗风险能力不足，保持长期稳定可持续发展难度较大。

全球债务水平持续攀升。国际金融危机后，主要经济体普遍实施宽松货币政策，杠杆率整体水平明显攀升。国际金融协会（IIF）数据显示，全球债务总额已经由 2008 年的 178 万亿美元大幅攀升至 2019 年的 255 万亿美元，占全球 GDP 比重超过 322%（见图 4–1），随着各国为应对疫情继续实施大规模刺激政策，预计 2020 年全球债务规模占 GDP 比重将进一步上升到 342%。IMF 预计，2020 年全球政府债务占 GDP 比重将达到 101.5%，较 2019 年大幅提高 18.7 个百分点。

宏观经济政策空间明显减小。此次各国应对疫情支持政策规模巨大，政府负债和央行资产负债表规模继续大幅攀升，一些国家财政赤字货币化趋势明显。未来一个时期，发达经济体财政货币政策空间进一步收窄，流动性宽松对经济增长的边际效用更趋减弱。此外，民粹主义和单边主义势头上升，制约国际宏观经济政策协调能力，不利于共同应对国际经济金融风险。

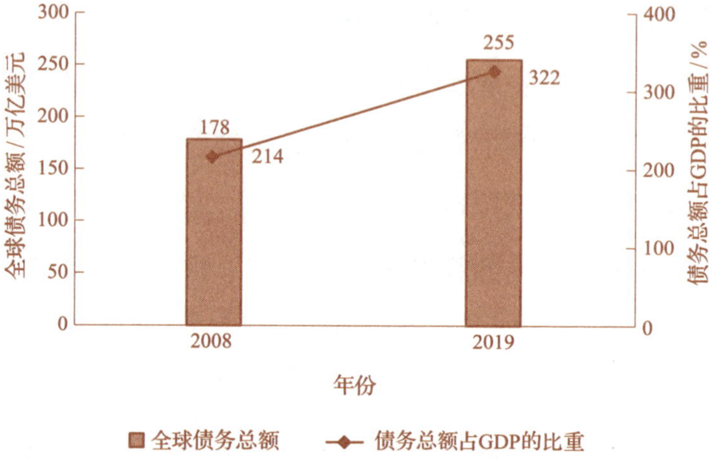

图 4-1 全球债务总额及其占 GDP 比重变化

资料来源：国际金融协会。

（三）大国竞争势头加剧但和平与发展仍是时代主题

伴随主要经济体力量对比加快变化，大国之间竞争博弈日趋激烈。但和平与发展仍是时代主题，世界多极化、经济全球化、社会信息化、文化多样化深入发展，全球治理体系和国际秩序变革加速推进，各国相互联系和依存日益加深，和平发展的大势不可逆转。

中美大国战略竞争加剧但仍存合作空间。随着中美综合国力不断接近，美国不适应感增强，在国际经贸规则、高科技、地缘安全等领域对我国针对意图明显。同时，中美同为具有重要影响力的世界大国，经济在未来较长时期内仍具有较强互补性，双方经贸联系紧密，人员往来密切，在促进全球经济可持续增长、反对恐怖主义、应对气候变化等各领域具有广泛共同利益，中美仍具有管控分歧寻求合作的较大空间。

和平与发展仍是时代主题和各方共同愿望。国际社会面临“治理赤字、信任赤字、和平赤字、发展赤字”四大挑战，解决国际减贫、气候变化、重大传染性疾病、地区热点问题等各类传统和非传统挑战仍需加强国际合作，求和平、谋发展的时代潮流不会改变，建设繁荣美好世界成为各国人民的共同梦想。随着构建人类命运共同体的理念更加深入人心，共建“一带一路”的成果更加惠及各方，将为建设持久和平、普遍安全、共同繁荣、开放包容、清洁美丽的世界作出更大贡献。

二、经济全球化遭遇逆流，国际经贸规则面临重构

当前，以货物贸易和外商直接投资为主的经济全球化传统动能更趋疲弱。世界贸易组织（WTO）改革受阻，主要发达经济体积极推动建立排他性保护性较强的区域贸易协定。受疫情影响，单边主义、保护主义、民粹主义明显抬头，各国内顾倾向进一步加剧。未来一个时期，国际经贸规则主导权之争更趋激烈。经济全球化虽然遇到逆流，但求合作、谋发展仍是世界各国的共同愿望，世界经济和全球产业已形成你中有我、我中有你的分工格局，不可能完全脱钩，也不可能根本逆转。

（一）经济全球化大趋势难以改变，将在曲折中前进

经济全球化遭遇挫折挑战，给世界经济实现强劲、可持续、平衡和包容增长带来较大不确定性。但从中长期来看，经济全球化符合全球生产力发展的要求、符合科技进步的方向、符合多数国家和民众的利益，其深入发展的根本大势难以改变。全球产业分工对经济全球化具有强大诉求，交通基础设施及通信技术的迅猛发展极大降低了物流和信息传输成本，技术进步促进一批新产业新业态兴起，全球产业链供应链在各区域广泛分布。跨国公司根据各国要素禀赋和比较优势进行产业链供应链全球布局，对降低关税壁垒、强化国际产业合作具有积极意愿，成为经济全球化长期发展的重要推动力。

（二）全球贸易规则体系重构动向值得高度关注，新兴经济体面临新挑战

近年来，部分发达经济体积极通过贸易保护政策推动全球贸易规则体系重构，对新兴经济体带来新的挑战。WTO 贸易规则体系面临较强改革压力。2017 年以来，西方国家以推动 WTO 改革为名，要求解决“非市场导向”问题，就国有企业补贴、市场准入、强制性技术转让、数字贸易壁垒、发展中国家地位认定等方面制定新规则。一些国家阻挠上诉机构法官补选，影响 WTO 行使贸易争端解决功能，削弱反对贸易保护主义、单边主义的能力。各

主要经济体围绕 WTO 贸易规则改革持续展开复杂博弈，美国认为按照世界银行标准划分的高收入国家、G20 成员、贸易额占全球 5‰ 以上的国家等四类国家，不应享受特殊和差别待遇，应从发展中国家“毕业”，涉及中国、印度、南非、阿根廷、沙特阿拉伯等 20 多个国家。区域性自由贸易协定加快落地。国际贸易规则体系面临复杂调整博弈，发达经济体积极主导推进“零关税、零壁垒、零补贴”的高标准贸易规则，大型区域性贸易协定成为强化区域经济循环的重要动力。欧日经济伙伴协定（JEEPA）、美墨加协定（USMCA）、全面和进步跨太平洋伙伴关系协定（CPTPP）已经全面生效，东盟发起并邀请中国、日本、韩国、澳大利亚、新西兰等经济体加入的区域全面经济伙伴关系协定（RCEP）也呼之欲出。主要经济体积极推进各类大型自贸协定，区域性、排他性、保护性明显，新兴经济体面临更高贸易投资规则要求。

三、新一轮科技革命加速演进，大国科技竞争空前激烈

新一轮科技革命和产业变革深度演进、相互交织，正处于重大突破的历史关口，科技竞争越来越成为大国竞争的重要方面，可能重构全球经济格局和创新版图，进一步影响甚至重塑全球竞争格局。

（一）科技创新将迈向融合泛在发展

新一轮科技革命呈现智能化主导、融合式“聚变”、多点突破

的态势。以 5G、人工智能、物联网、大数据、区块链等为代表的新一代信息技术正在广泛而深入地渗透到经济社会各领域，与生物工程、新能源、新材料等新兴技术交叉融合，第四次工业革命加速广泛展开，将前所未有地推动生产生活方式发生颠覆性变革，现有产业形态、分工和组织方式面临深刻变化。从微观层面看，企业组织形态将逐步由大型公司向平台化、分散化和普惠化转变。从中观层面看，新兴产业将日益发展壮大，新技术在传统领域的广泛运用也将推动新产品、新业态、新模式大量涌现。从宏观层面看，新一轮科技革命和产业变革更加依赖资本和技术投入，将对各类要素分配占比产生深远影响。

（二）新一轮科技革命可能重塑全球发展格局

数字化、网络化、智能化发展将弥合全球劳动力成本和生产成本差距，深刻改变国家间比较优势和发展位势。科技革命将全面影响全球能源格局、安全格局和产业格局。科技创新越来越成为决定全球竞争力的关键因素。能源技术革命将大幅降低对传统能源依赖，改变全球能源供需格局。太空、深远海、信息网络等技术战略地位更加凸显，国防安全格局将发生深刻改变。全球价值链布局发生变革，技术和市场可能取代成本成为价值链布局的决定性因素，全球产业格局将深刻调整。科技革命或再次拉大发达国家和发展中国家差距。在第四次工业革命的关键领域，发达经济体牢牢掌握技术、资金和规则优势，且仍在加大战略投入。同时，数据作为生产要素的重要作用日益显现，数字化、智能化设备和技术成为决定各环节成本的主要因素，劳动力在生产中的地位相对下降。多数发展中国家特别是最不发达国家，利用低人工成本吸引制造业转移、加快工业化的机会窗口可能逐渐收窄，若没有新的开放路径和赶超模式，与发达经济体的发展差距可能趋于拉大。

（三）全球科技创新竞争将更趋激烈

尽管发达国家仍主导全球创新格局，但随着新兴经济体经济综合实力和创新能力快速提升，各国抢占科技制高点的竞争将空前激烈。近五年来，美国、欧盟所占全球研发投入的比例持续下降，而我国占比已经增至20%以上。虽然我国在基础研究水平、核心技术掌控能力、领军人才数量等方面尚有差距，但在研发投入、新兴产业发展、独角兽企业等创新指标增速方面名列前茅，创新发展前景可期。从长期看，我国将成为全球创新的重要一极，印度、巴西、俄罗斯等新兴经济体将成为创新活跃地带，多极化全球创新格局将逐步成型。

四、全球产业链供应链发生深刻变化，国际分工格局加快调整

随着近年来全球贸易增速明显放缓，全球价值链在全球经济中

占比持续下降。受疫情影响，各国更加重视供应链安全、推动产业链收缩，生产网络区域化、本地化趋势更加明显，国际产业分工格局面临深刻变化，区域性经济循环有望进一步强化。

（一）全球产业链供应链贸易强度下降

受发达经济体再工业化战略及技术进步等因素影响，全球价值链活动持续放缓，各国参与度普遍降低，全球价值链的长度和跨境次数明显下降。根据麦肯锡全球研究院相关研究，自国际金融危机以来，在其跟踪研究的 17 个大型行业全球价值链中，有 16 个处于持续收缩状态。2007—2017 年，虽然全球贸易绝对值持续增长，但在同一批价值链中，出口占总产出的比重从 28.1% 下降到 22.5%。

（二）全球产业链供应链区域化倾向增强

疫情影响下，全球产业分工体系中链条环节较多、运输距离较长等问题进一步暴露，越来越多企业转而在主要消费市场附近采购。主要发达经济体更加强调重要产品自给自足，减少民生等关键领域对外依赖，制造业回流可能加快，全球产业链供应链区域化、本地化、多元化倾向增强，北美、欧洲和东亚三大区域产业链体系加快形成。未来一个时期，区域全面经济伙伴关系协定（RCEP）有望推动相关伙伴国之间贸易投资增长，发挥推动构建东亚经济循环体系的重要作用。

（三）全球产业链供应链数字化进程加快

随着新一代信息技术的发展，人工智能、物联网和区块链等技术将深度嵌入全球生产网络各个环节，全球价值链加快向生态化、智能化、平台化以及多业态融合的方向转变，新型价值链不断出现。疫情对全球人流物流形成较强冲击，传统产业链供应链线下供需对接模式受到较强制约，疫情后全球产业链供应链的数字化进程有望加快，各国企业加快数字化转型，有望提升经营效率、降低运营成本，推动全球产业链供应链加快升级重塑。

（四）全球产业分工格局存在深刻调整压力

受生产成本比较优势变化、中美经贸摩擦、新冠肺炎疫情等因素叠加影响，全球产业链供应链布局出现调整，原有全球产业分工格局可能发生重大变化。美国加快推动减税政策吸引制造业回流，原有世界经济大循环面临调整。与此同时，全球新一轮科技革命和产业变革已进入到突破迸发的关键时期，新一代信息技术快速发展，国家间由于数字基础设施投资、高端人才储备、知识经验和关键共性技术差异所导致的“数字鸿沟”逐步扩大，发达经济体吸引产业回流的能力可能得到提升。

（五）以信息流和服务流为支撑的产业分工新模式迅速发展

随着 5G、人工智能等技术大幅降低信息交互成本和改变生产模式，全球信息流、服务流相较商品流将更加频繁，从而推动各种新型分工模式迅速发展。制造业研发环节可能独立于生产环节，各国研发团队开展协同创新并最终转化为产品或服务，将成为高技术制造业分工的新热点。生物医药等领域采用研发合同模式整体外包研发环节，将成为服务业跨国分工的热点。各类微观主体共享互联网平台以及大数据资源，彼此互为需求方和供给方，共同开展扁平化、分散化合作的新型分工模式将加快发展。

五、全球治理体系有望延续变革趋势，各国协调合作与博弈竞争并存

随着以我国为代表的新兴经济体快速崛起，国际经济力量对比和世界经济平衡发生深刻变化，现有全球经济治理体系越来越难以适应世界政经格局变化趋势，存在深刻调整和不断完善的客观需要。在应对疫情过程中，全球多边机制以及国际组织的影响力、有效性面临的挑战进一步加剧。“十四五”时期，全球治理格局将更加复杂多变，传统发达国家主导的全球经济治理格局将发生深刻变革，新兴经济体和发展中国家在全球经济治理中的话语权有望逐步提升。

（一）全球治理话语权竞争日趋激烈

近年来，以金砖国家为代表的新兴经济体快速崛起，金砖国家

占全球经济总量的1/4左右，对全球经济增长的贡献率超过50%。未来一个时期，新兴经济体占世界经济的比重将持续攀升，推进全球经济治理体系变革的诉求不断增强，其话语权、影响力有望继续提升。发达经济体与新兴经济体间将围绕全球经济治理体系变革进行复杂博弈，在联合国改革、WTO多边贸易机制改革等关键议题上，协调难度仍然较大，全球经济治理公共产品供给不足风险可能加大。

（二）全球治理体系变革持续深入

二战后，西方主导和推动建立了以联合国、世界银行、IMF、WTO等为支柱的全球经济治理机制，发挥了推动世界经济稳定增长、促进经济全球化的重要作用。但现有全球经济治理体系已难以适应发展需要，有效性、包容性、安全性不足的问题日益凸显。世界银行、IMF等国际治理机构变革缓慢，新兴经济体和发展中国家利益诉求难以得到充分体现。当前，全球经济高度相互依存，主要经济体国内政策的外部效应日益突出，宏观经济政策调整往往引发世界经济剧烈波动。未来一段时期，全球经济治理体系有望延续变革趋势，亚洲基础设施投资银行、金砖国家应急储备安排、金砖国家新开发银行等新的全球经济治理机构和治理体系将发挥更加重要的作用。

（三）全球治理模式选择更为多样

国际金融危机后，以美国为代表的西方发展模式弊端持续暴露，主导地位面临较强挑战，新兴经济体普遍选择与自身国情相适应的自主发展道路，全球治理理念和价值取向更趋多元化。新兴经济体在重要全球治理平台的代表性不断提升，有利于推动国际宏观经济政策沟通协调，强化各种经济发展模式的互学互鉴，促进全球经济稳定协调发展。

（四）全球公共卫生治理合作重要性凸显

疫情冲击下，全球公共卫生安全面临巨大挑战，部分国家地区卫生体系薄弱、应对疫情能力不足问题凸显，国际社会对加强应对疫情国际合作、完善全球公共卫生治理的呼声不断增强。未来一个时期，构建人类卫生健康共同体的迫切性和重要性更加凸显，亟待国际社会团结应对全球公共卫生挑战，更好发挥联合国和世卫组织领导作用，提高全球公共卫生治理能力和协作水平，提升公共卫生问题在国际议程中的位置，推进健康领域重大国际合作。

六、全球能源供需格局深刻调整，能源治理体系仍有待完善

近年来，受国内需求快速增长和资源禀赋制约等影响，我国能源对外依存度持续上升。从中长期看，全球能源治理体系仍有待完善，新兴能源消费国在国际能源市场的话语权和定价权有待提升，

全球能源供给保障和能源安全仍面临诸多挑战。

（一）全球能源供需格局发生深刻变化

全球能源结构正向清洁化、低碳化、电力化转变，非常规油气开采技术重大突破提升油气资源的供应能力，天然气应用将更加普遍，可再生能源成本加快下降，与常规化石能源“平价上网”前景可期。全球能源供需格局加快调整，从需求看，世界经济增长的单位能耗将持续下降，全球能源需求将平缓增长。随着中国、印度等新兴经济体能源需求大幅增长，亚洲将成为全球石油天然气主要进口地，需求“重心东移”趋势加速。据埃克森美孚公司 2019 年世界能源展望报告，与 2017 年相比，2040 年 OECD 国家能源需求将下降 6%，非 OECD 国家将增长 68%，其中，中国、印度和非洲国家将分别增长 21%、90% 和 67%。从供给看，随着美国页岩油气革命的冲击和多种新兴供应源的相继出现，油气生产供应呈现“重心西移”和“多中心化”的发展趋势。根据国际能源署（IEA）数据，美国天然气出口量从 2010 年的 308.4 亿立方米增长到 2019 年的 1 316.5 亿立方米。相关研究认为，美国即将成为能源净出口国。随着美国逐渐从传统的石油消费国向石油出口国转变，石油输出国组织（OPEC）对全球石油市场掌控能力逐步削弱，全球原油供给端呈现美国、俄罗斯和以沙特阿拉伯为代表的 OPEC 之间三方博弈格局。中东局势对国际能源市场仍然影响较强，委内瑞拉、伊朗等重要能源供应国存在较强政治和安全风险，可能加剧国际大宗商品价格波动。

（二）新一轮能源技术革命正加快孕育兴起

当前，新的能源科技成果不断涌现，能源技术创新进入高度活跃期，正以前所未有的速度加快迭代，对世界能源格局将产生重大而深远的影响。主要能源大国均出台了一系列法律法规和政策措施，加快能源科技创新。绿色低碳成为能源技术创新的主要方向，传统化石能源清洁高效利用、新能源大规模开发利用、核能安全利用、能源互联网、大规模储能、先进能源装备和关键材料等重点领域加快突破创新。世界主要国家均把能源技术创新视为新一轮科技革命和产业变革的突破口，抓紧抢占发展制高点。

（三）全球能源治理体系不平衡问题突出

当前全球能源治理体系未能体现全球能源供需格局变化趋势，国际原油、铁矿石、有色金属、农产品定价中心集中在欧美发达经济体，中国、印度等新兴能源消费大国在国际大宗商品定价体系中的话语权仍有待提升，对国际能源市场的影响力整体较弱。国际能源格局多极化趋势明显，美国加快实现能源独立，越来越将能源作为谋求地缘政治和战略利益的手段。世界主要大国围绕保障能源供应、控制能源战略通道、影响国际能源市场价格、引领能源创新变革的博弈更趋激烈，可能引发能源产区、通道与要冲所在敏感地区的地缘冲突，加剧能源供应的不稳定性和不确定性，国际能源安全环境趋于复杂，对于新兴能源消费大国维护能源安全不断提出新挑战、形成新风险。

七、国际安全形势复杂多变，传统非传统风险挑战交织

“十四五”时期睦邻友好、互利合作仍是世界的主流，但伴随大国关系深刻调整，传统安全风险明显上升，恐怖主义、气候变化、重大传染性疾病、网络安全等非传统安全风险持续蔓延，传统安全和非传统安全因素相互交织，对全球和平稳定发展形成重大风险挑战。

（一）地缘政治走势依然错综复杂

“十四五”时期，地缘政治格局的不确定不稳定因素呈现增多趋势，其中亚太、中东和欧洲依然是主要热点地区。亚太方面，美国积极实施“印太战略”，印度提出“季风计划”战略构想，日本积极推行“价值观外交”，朝鲜半岛问题走势仍存变数，中亚、南亚地区局势稳定存在风险，亚太地区大国博弈竞争加剧，地缘政治格局更趋复杂。中东方面，美俄等域外大国，以及伊朗、土耳其、沙特等域内大国之间斗争博弈将继续上演，地区各国政治、经济、宗教、民族等矛盾突出，伊朗核问题陷入僵局，叙利亚、利比亚、也门等热点国家持续冲突。欧洲方面，英国脱欧和民粹主义抬头或加剧欧盟的分裂与震荡，新冠肺炎疫情冲击欧洲一体化发展势头，

不仅危及欧洲国家治理和社会转型，甚至对全球政治秩序、经济格局和社会走向产生进一步影响。此外，恐怖主义极端主义风险呈上升趋势。宗教原教旨主义通过信息技术等手段传播，影响力及扩散范围将更加广泛。恐怖主义极端主义势力国际化趋势增强，化整为零向欧洲、东南亚、中亚等持续渗透，极端主义总体呈扩大趋势，反恐局势更加严峻复杂。

（二）气候变化影响可能进一步凸显

受美国退出巴黎协定影响，各国达成气候变化协同政策更加困难。联合国政府间气候变化专门委员会（IPCC）发布报告显示，如全球变暖得不到有效遏制，全球气温最早将在 2030 年较工业革命前时期上升 1.5 摄氏度，并将在未来持续上升。全球气候变化可能导致极端天气频发和海平面上升，持续冲击农业生产稳定，严重威胁部分岛国及世界沿海地区安全。

（三）社会事业和公共卫生面临严峻挑战

全球人口增长速度总体趋缓，生育水平和意愿普遍下降，老龄化进程持续加快，劳动年龄人口比重下降，医疗保障、养老保险等需求进一步上升，社会保障体系面临重大挑战。全球人员流动更为便捷，各类传染病传播速度和扩散范围扩大，新型病毒和耐药性病菌加速涌现，跨区域、跨国界的紧急公共卫生事件频现。全球污染排放持续增加，地区生态环境趋于恶化，对国际公共卫生治理和民众公共健康形成严峻挑战。对新技术负面影响估计不足、监管不够的问题突出，现实世界与虚拟世界深度融合，对社会治理造成新的挑战。网络安全和技术伦理问题增加社会不确定性，人工智能、生物技术的广泛应用可能导致传统认知伦理受到冲击，各类不确定性风险明显增大。

第二节

我国发展仍处于重要战略机遇期

习近平总书记指出，我国发展仍处于并将长期处于重要战略机遇期，要善于化危为机、转危为安，紧扣重要战略机遇期新内涵，变压力为加快推动经济高质量发展的动力。这一重要论断深刻洞察世情国情变化，准确把握世界百年未有之大变局，为更好推动经济社会发展指明了方向、开阔了视野、坚定了信心。面对深刻复杂变化的国内外形势，在以习近平同志为核心的党中央坚强领导下，中国号巨轮在劈波斩浪、沿着正确方向前进的进程中创造和维护了新机遇，赋予我国发展重要战略机遇以新的内涵。

一、加快经济结构优化升级带来新机遇

改革开放40多年来，我国要素资源配置更趋优化，经济结构加快调整升级，经济发展的协调性和可持续性显著增强，为把握全球新一轮科技革命和产业变革浪潮创造有利条件，为持续推动经济高质量发展带来重大机遇。要素禀赋持续优化，有力助推供给质量提升。伴随产业结构调整升级，城乡区域发展更趋协调，社会结构加快变化，我国要素供给质量不断提高。劳动年龄人口的平均受教育年限快速提升，具备以提高劳动力素质对冲劳动力总量减少、持续提升人力资本水平的较大空间。铁路、公路、桥梁、水利工程等传统基础设施体系加快完善，信息基础设施、融合基础设施、创新基础设施等新型基础设施加快发展，与技术、高素质人才等生产要素联系更加紧密，成为拉动需求增长和推动供给结构升级的重要抓手。要素禀赋决定供给质量和层次，我国要素比较优势加快从传统的土地、劳动力、资源等，转向高素质人才、高质量基础设施、知识产权、大数据等优质生产要素，供给结构也由过去主要集中于劳动密集型产品、中低端服务等较低层次，转向以高品质消费品、高端设备、新型服务等为代表的新供给，将有效推动我国向全球价值链高端迈进。需求潜力加快释放，推动供需向高层次均衡跃升。随着脱贫攻坚任务全面完成和乡村振兴战略深入实施，广大乡村人口将释放出对更高品质商品和服务的较强需求，为消费升级注入强劲

动力。我国新型城镇化建设进入以人为本、规模和质量并重的新阶段，“十四五”时期将有较大规模乡村人口转入城镇，消费理念、消费习惯均会发生较大变化，也将带动消费结构升级。随着我国加快由中高收入经济体向高收入经济体迈进，中等收入群体有望进入快速增长阶段，将大幅度增加对于航空旅行、高质量商品、高品质养老托幼服务等“高端消费”的需求。需求结构的持续升级将倒逼供给质量和层次提升，实现供需不断由低层次平衡向高层次均衡跃升。收入分配更趋优化，有效提升经济社会发展平衡性。近年来，我国职工工资保障机制更趋健全，劳动在初次分配中所占的比重相对上升，二次分配政策力度不断加大，社会收入分配更多向劳动者倾斜，相对贫困地区、农村人口、低收入人群的收入保持稳定增长态势。此外，基于网络化、分散化、扁平化、去中心化的新型生产方式，有利于具有一定职业技能的劳动者通过网络平台实现自身价值，也有利于推动收入分配更趋合理。收入分配结构优化有助于发展成果更多更公平惠及全体人民，加快形成以中等收入群体为主体的“橄榄型”社会，推动供求关系形成“收入提升—需求升级—供给升级—创造新的需求”的良性循环，有效增强经济发展的稳定性和可持续性。

二、提升科技创新能力带来新机遇

经过长时间的发展积累，我国科技创新能力“厚积薄发”，已经进入由量的积累到质的飞越、从点的突破向系统能力提升的新阶段，全球创新格局深刻变化总体对我有利，科技创新将越来越成为我国持续提升国际竞争力的关键。原始创新能力不断增强，促进全要素生产率稳步提升。当前我国应用技术和集成创新能力已经达到世界先进水平，积累形成了丰富的科技创新人才体系，技术要素比较优势更趋明显，正在进入全球知识产权大国行列，全社会创新意愿不断增强，为我国加速由集成创新迈向原始创新奠定了坚实基础。“十四五”及更长时期内，我国科技教育投入成效将持续显现，高素质人才队伍不断壮大，科技体制改革将持续深化，将逐步成为全球原始创新的重要源泉。创新能力特别是原始创新能力的大幅度提升，既有利于我国在新兴产业领域抢占全球制高点，把握新一轮技术革命和产业变革主动，也有利于传统产业依托新技术进行升级改造，带动劳动生产率稳步提高。全球创新格局深刻重构，带来我国增强全球创新治理能力、倒逼创新发展的重要机遇。百年未有之大变局下，世界创新力量对比“东升西降”趋势更加显著。我国在全球创新链中地位日益重要，全球创新治理体系总体上朝着于我国有利的方向发展，我国有望在全球创新治理体系中发挥更加重要的作用。中美大国科技竞争将倒逼我国持续提升科技创新能力，我国参与国际科技竞争博弈存在较强运筹空间。我国与世界经济深度融合，具备强大国内市场和丰富创新人才资源，已成为国际科技研发和交流合作不可或缺的力量。美对我科技战略打压受到跨国企业、国际学术界教育界广泛反对，欧盟日本等发达经济体也普遍不愿选边站队，我国有望持续深化国际科技交流，有力助推科技自主创新和核心技术攻关。颠覆性创新带来“归零效应”，形成我国跨越赶超发展重要机遇。大科学时代，学科间交叉融合态势加强，人工智能、互联网、大数据与传统产业相结合，以几何级数渗透扩散，前沿技术从点状突破向链式变革发展，带来若干领域的革命性变化，推动形成颠覆性创新。颠覆性创新创造新的技术轨道和经济范式，产生明显的催化、叠加、倍增效应，成为经济创新发展的新引擎，将深刻改变国际创新竞争格局。颠覆性创新具有强大替代效应，使传统产业长期积累的知识、技术、资本、市场、人才等方面投入成为沉淀成本，带来传统产业的“归零效应”和新兴产业的爆发式增长。颠覆性创新抓住了就是重大机遇，为我国后来居上、换道超车提供了历史性机遇。

三、全面深化改革开放带来新机遇

当前，我国发展已经进入以开放促改革和以改革促开放的双向互促阶段，深化改革开放为推动高质量发展提供强大动力和体制保障，将加快培育新形势下我国参与国际合作和竞争新优势。深化改革不断释放我国发展优势，加快解放和发展生产力。深化改革促进各方面制度更加成熟更加定型，推动制度建设和治理效能更好转化融合，不断提升我国制度竞争力，有利于充分发挥中国特色社会主义制度优势。深化改革加快完善市场机制，推动建设高标准市场体系，促进统一大市场加快形成，有利于充分发挥我国超大规模市场优势。深化改革加快完善产权制度，加强民营企业产权保护，有效降低交易成本、稳定社会预期，有利于充分释放多种所有制经济共同发展的动力活力。深层次改革攻坚不断取得更大新进展，促进要素配置效率提升。我国要素市场化配置改革、国有企业改革、金融体制改革等重大改革任务深入推进，更加完善的要素市场化配置体制机制加快构建，劳动力、资本、技术、数据等各类要素价格形成机制不断完善，加快实现自主有序流动，配置效率显著提升，将进一步激发全社会创造力和市场活力，有力推动经济发展质量变革、效率变革、动力变革。制度型开放与全面深化改革协同推进，释放经济创新发展活力。我国对外开放的重心将由以吸引各类生产要素流入为主，转向更好统筹优化配置国内国外优质生产要素。制度型开放的深入推进，将更好发挥市场在资源配置中的决定性作用，实现生产要素跨境自由流动和优化配置的有机统一，使我国成为对高端人才、先进技术、数据资源、创新投资等优质要素更具吸引力的开放高地，大幅提升我国经济竞争力和创新发展活力。更高水平开放型经济新体制加快构建，有利于更好统筹国内国外两个市场两种资源。以开放促改革促发展是我国发展的重要经验，当前我国更高水平开放型经济新体制建设取得重大进展，与世界经济联系更趋紧密。我国凭借独特的市场规模优势、营商环境优势、产业基础优势、投资回报优势和科技创新优势，发挥世界经济发展“稳定器”和“动力源”作用，将成为国际开放合作的重要引领者和贡献者，有利于我国在与各国互利共赢发展中实现自身发展质量的提升。

四、加快绿色发展带来新机遇

贯彻绿色发展理念、大力推进生态文明建设，有利于建设美丽中国和持续优化生态环境，有利于形成经济新增长点和增强发展可持续性，有利于拓展国际合作空间和增强我国国际影响力，是新形势下经济高质量发展的重要推动力。加快绿色发展将有助于从根本上解决生态环境质量问题，实现经济社会与人口资源环境的协调发展。生态环境问题本质上是发展方式和生活方式的问题，只有着力推进绿色发展，从根本上改变经济增长方式，才能真正从根本上解决生态环境质量问题。绿色发展以能源低碳化、产业循环化为主要方向，通过改进设备、重塑工艺流程、使用清洁能源等方式，积极推动产业绿色改造，从根本上减少污染物生产排放，具备较强环境效益、经济效益和社会效益。大力推动绿色发展，能够有效引导人流、物流、资金流流向生态产业，逐步引导市场主体转向资源节约型和环境友好型发展，实现经济社会良性循环和协调发展。绿色发展将释放强大经济发展动能，有利于推动产业变革和绿色创新发展。绿色经济体现内涵式发展，在新一轮科技革命和产业变革背景下，绿色发展与产业数字化、信息化、智能化发展深度融合，将形成新的高质量供给，催生新的绿色增长动能。从产业方面看，我国节能环保、清洁能源、清洁生产等绿色产业不断发展壮大，逐步成为国民经济新的支柱产业；我国制造业产能改造升级潜力巨大，在推动新建产能对标全球领先水平、占领绿色技术制高点等方面具有巨大潜力空间。推动产业绿色发展、向绿色经济要生产力，将有效促进产业结构高端化，有利于打造具有较强竞争力的现代产业体系。从投资方面看，我国在绿色基础设施建设方面具有巨大投资潜力，污水垃圾处理、园林绿化等环境基础设施建设每年新增投资需求超过 1 万亿元。从消费方面看，随着人民对美好生活需要日益增长，全社会绿色发展理念不断深化，将推动绿色产品、绿色服务需求保持较快增长，绿色建筑、电动汽车、清洁取暖、高效制冷、智能家电等绿色需求已经成为居民消费升级的重要内容。绿色发展将拓展国际合作空间，有利于推动构建人类命运共同体。我国高举应对气候变化国际合作大旗，积极引领全球气候治理，通过气候外交、绿色倡议和绿色行动，以实际行动践行人类命运共同体理念，积极推动联合国 2030 年可持续发展议程，有效维护新兴经济体和发展中国家正当权益，负责任大国形象不断展现，国际社会认同和国际话语权不断提升。欧盟、日本等发达经济体与我国绿色发展理念相近，在绿色发展技术方面具有较强优势，积极与我国开展生态环保绿色合作。广大新兴经济体迫切希望借鉴我国绿色发展经验，避免走“先污染后治理”的老路，生态文明建设高水平国际合作前景广阔。

五、参与全球经济治理体系变革带来新机遇

近年来，我国与世界互动关系深刻调整，在市场、资源、国际事务、治理规则等方面，逐步由对外依赖、积极参与、被动接受，转向相互依存、主动引导、双向互动。我国已经具备深度参与全球经济治理体系变革，推动建设开放型世界经济，营造更好发展外部环境的条件和能力。新兴经济体快速发展为我国参与和引领全球经济治理变革提供机遇。全球经济增长重心由发达经济体加快转向新兴经济体，以我国为代表的新兴经济体在世界政经格局中影响力总体提升。我国对世界经济增长的支撑带动作用更趋凸显，各方特别是新兴经济体和发展中国家，在重大问题上对我国更加倚重，我国在国际合作中"朋友圈"越来越大，志同道合者越来越多，为我国推动全球经济治理体系变革朝着于我国有利的方向发展奠定了坚实基础。国际经贸规则重构为我国推动新一轮经济全球化发展提供机遇。全球经贸格局深刻变化，发达经济体维护全球自由贸易体系的意愿和能力明显削弱，现有国际经贸规则体系难以为继，新兴经济体维护自身利益的诉求不断增强。当前，维护经济全球化发展方向、推进多边主义和自由贸易仍是主流，国际社会普遍期待负责任大国发挥更大作用、承担更大使命，推动全球治理体系和国际规则更加公平公正合理，构建和平发展新范式。各方对我国更好发挥"中国作用"、引领推动新一轮经济全球化的期望不断增强。全球

经济治理理念多元化为增强我国发展理念吸引力提供机遇。当前，原有全球治理体系弊端日益显露，全球经济治理理念呈现多元化发展格局。在长期国际经济合作和全球经济治理实践中，我国逐步形成了“共商共建共享”的全球治理基本理念，以及平等、开放、合作、共享的全球经济治理观。相比传统结盟、排他、“零和”的旧观念，新理念更加注重全球经济治理的公正性、平等性、开放性和包容性，充分体现各参与方的利益诉求，获得国际社会的广泛肯定认可。全球经济治理平台的新一轮创设为推动落实我国发展方案提供机遇。近年来，“一带一路”建设深入推进，亚洲基础设施投资银行、丝路基金等新型国际机构影响力不断提升，成为现行全球治理体系的重要补充，为各方经济社会发展特别是基础设施建设提供助力支持，为我国更好参与引导全球治理体系变革，分享中国发展经验、发展方案，主动创造发展新机遇提供重要支撑。

第三节

我国发展面临新变化新挑战

党的十九大作出了分两步走全面建成社会主义现代化强国的战略安排，分阶段明确了到 2035 年和本世纪中叶的战略目标。第一个阶段，从 2020 年到 2035 年，在全面建成小康社会基础上，再奋斗 15 年，基本实现社会主义现代化。第二个阶段，从 2035 年到本世纪中叶，在基本实现现代化的基础上，再奋斗 15 年，把我国建成富强民主文明和谐美丽的社会主义现代化强国。“十四五”时期是我国开启全面建设社会主义现代化国家新征程的第一个五年，我国将由中等收入国家迈向高收入国家，发展将呈现阶段性新特征，面临新变化新挑战。

一、产业结构继续调整优化，供给体系质量不断提升

目前，我国拥有联合国标准下全球最完整的工业体系，制造业规模自2010年以来连续位居世界第一，服务业规模和质量不断提升，产业综合竞争力不断提升。随着我国发展阶段的提升和发展环境的变化，产业发展呈现出新的特点和趋势。

（一）产业结构进一步调整优化

随着我国经济进入高质量发展阶段，产业体系现代化程度不断提升，产业结构向着更高级的形态发展。三次产业结构持续调整。2019年第二、三产业占比分别为39%、53.9%，与美欧等发达国家平均在20%～30%、70%左右的水平相比，还有较大调整空间。按照发达国家产业结构变化规律，在人均GDP达到1万美元左右的五年间，工业占比普遍下降了2～4个百分点。“十四五”时期我国第一产业占比可能继续下降，第二产业、第三产业比重关系将逐步优化。高技术制造业占比提升。随着我国大力推动制造业高质量发展，工业体系正逐步向创新驱动发展转型，制造业技术含量和盈利能力稳步提升，“十四五”时期我国工业增加值率将有望扭转下降态势。服务业中现代服务业发展较快。传统服务业的增加值占服务业的比重从2015年的34.7%减少到2019年的32.8%，信息技术、金融、教育、医疗等现代服务业占比则稳定在50%左右的水平

（见图4–2）。随着服务业进一步扩大开放和国际竞争力提升，“十四五”时期现代服务业占比将持续增加。

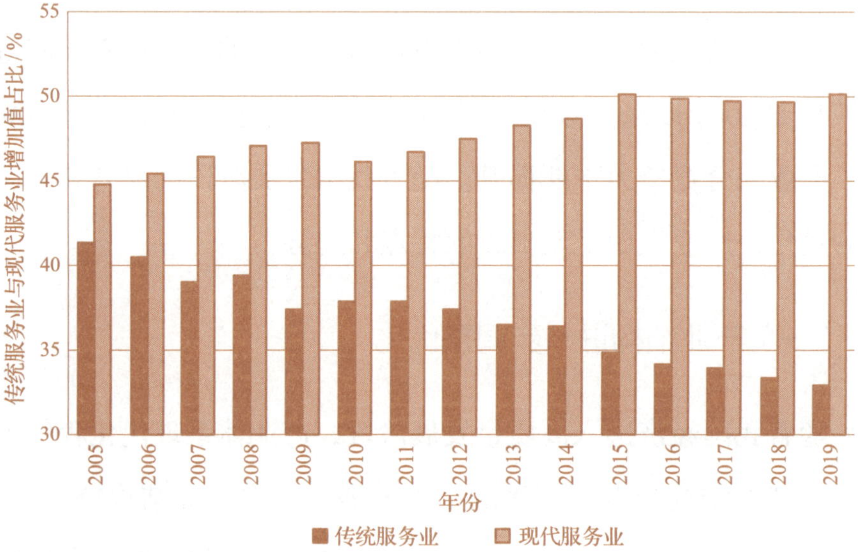

图4–2 传统服务业与现代服务业增加值占服务业增加值的比重

资料来源：国家统计局。

（二）数字化转型步伐将持续提速

“十四五”时期，5G、大数据、云计算等新技术不断发展，产业数字化转型的范围、深度和效能还将持续拓展优化，将进入以智能技术广泛赋能、产业互联升级重构、智能驱动加速显现为主要特征的新阶段。上云企业比例将持续提升。目前，我国企业数字化转型比重仍然不高，随着技术条件不断改善、平台赋能不断增强、政策支持力度不断加大，尤其是围绕数据生产要素的基础性制度日趋完善，工业网络改造、工业数据采集、装备数字化升级将不断加快，数据驱动的生产模式将加速拓展，使更多企业通过上云用数赋智实现数字化转型。数字经济占比有望继续攀升。数字经济将成为“十四五”时期产业发展的重要推动力。“数字产业化+产业数字化”趋势加快发展，我国2019年数字经济规模达35.8万亿元，占GDP比重为36.2%。2017年美国数字经济规模以11.5万亿美元位居全球第一，德、英、美数字经济规模占比分别达61.4%、60.3%、59.3%，我国仍存在显著差距和较大增长空间。未来一段时期，数字经济将成为带动经济复苏的重要引擎，将进一步提升我国产业现代化水平。

（三）产业循环本土化和国际化并驾齐驱

“十四五”时期，全球供应链产业链加快调整重构，我国产业链将呈现两大趋势性特征。本土产业循环将更加健全、产业链更加完备。近年来，我国国内产业循环进一步增强，产业链补链、增链的趋势更加明显。我国货物贸易依存度已从2006年峰值的64.2%下降至2019年的31.8%（见图4–3），出口产品中的外国增加值占比从2005年的26.3%下降至2015年的17.3%，最终需求中的国内增加值占比从2005年的80%提升至2015年的86%，“十四五”时期这些趋势还将继续强化。我国提升产业全球价值链位势难度增大。在国内生产成本上升压力下，我国产业逐步向更高附加值业态发展。我国出口产品中的国内增加值占比从2005年的15.6%稳步提升至 2015 年的 17.5%，但距离美欧日等发达经济体 22% 的平均水平仍有明显差距。“十四五”时期，受国际经贸格局更趋复杂、国际技术交流合作限制增多因素影响，我国产业向全球价值链高端攀升难度可能进一步加大。

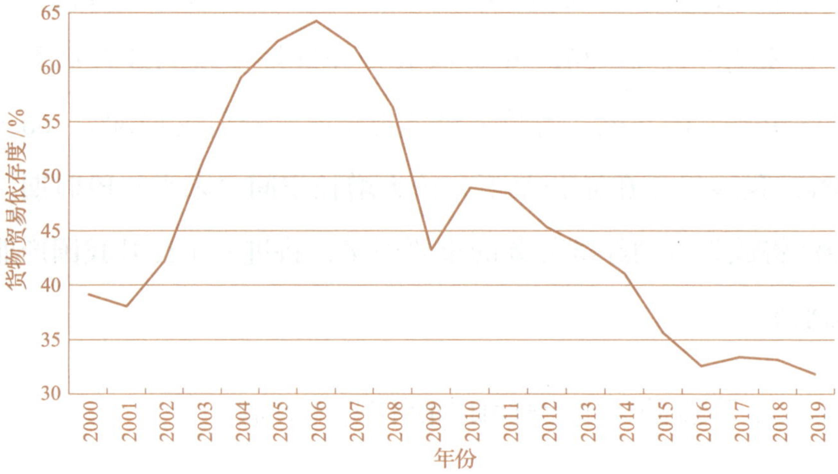

图 4–3　我国货物贸易依存度年度变化

资料来源：国家统计局。

二、需求结构深刻调整，强大国内市场加快形成

近年来，内需对我国经济增长的贡献率不断提升，投资消费比例关系更趋协调，需求结构发生深刻转变。未来一个时期，加快构建完整的内需体系，加快形成以国内大循环为主体、国内国际双循环相互促进的新发展格局，是推动高质量发展的客观要求，也是适应内外部发展环境变化的必然选择。

（一）内需潜力加快释放

我国具有超大规模市场优势和巨大内需潜力，在疫情冲击下发挥着稳定全球最终需求的重要作用。未来一个时期，经济全球化呈现生产分散化、消费区域化的特征，我国全球生产中心地位可能相对弱化，而强大国内市场的全球吸引力将不断增强，成为重要竞争新优势。随着我国加快完善市场经济体制，着力打通生产、分配、流通、消费各个环节，国内经济循环将进一步畅通和加强，强大的国内市场将成为支撑周边生产网络、构建以我为重心的区域经济循环体系的关键因素。

（二）消费结构不断升级

近年来，消费对经济增长的基础性作用不断巩固，消费结构优化升级的特点更趋明显。城乡住户一体化调查数据显示（见图4–4），2013—2019年全国居民食品烟酒支出占比从31.2%下降到28.2%，教育文化娱乐、交通通信、医疗保健和居住等发展型消费支出占比从52.5%提高到57.2%，人均服务性消费支出占比已提高到45.9%。按照发达国家居民消费结构演变的一般趋势，随着我国经济社会持续发展，服务性消费占比将进一步提高，居民消费将呈现向发展型、享受型消费发展的趋势。但也应看到，受疫情冲击下经济下行压力加大影响，居民收入持续稳定增长面临挑战，未来消费升级仍存在一些阻碍和瓶颈。

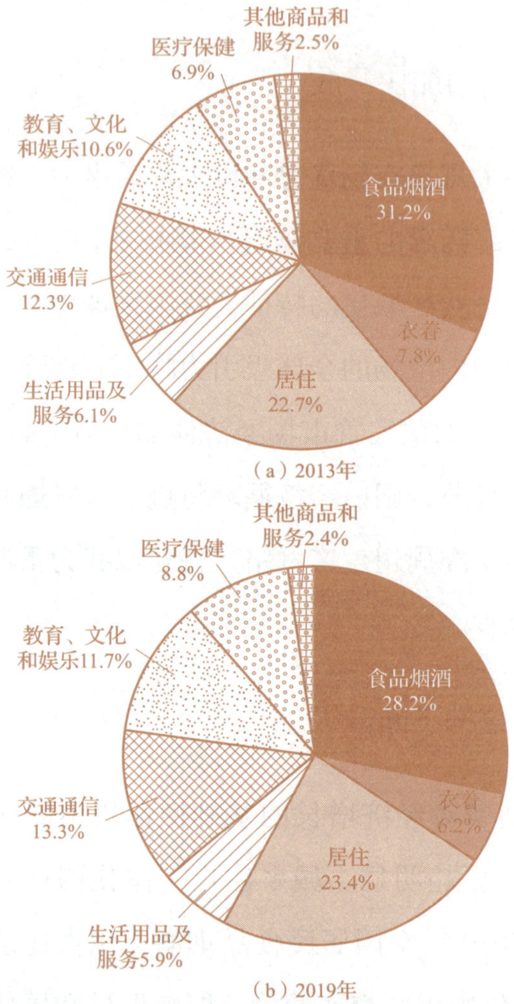

图 4-4 2013 年和 2019 年全国居民人均消费支出结构

资料来源：国家统计局。

（三）投资结构继续改善

“十四五”时期，我国投资增长仍具有广阔空间，围绕补短板、增后劲、惠民生，有效投资潜力有望进一步释放，投资内部结构优化和质量提升的趋势将会延续。生产性投资有望保持平稳增长。数字经济快速发展及新技术广泛应用，推动制造业技术改造和设备更新，将为生产性投资打开增长空间。根据制造业大国相关经验，在类似发展阶段，生产性投资潜在增速区间保持在 3% ~ 5% 左右。基础设施投资增速可能放缓。我国基础设施投资在较长时间保持较高增速，随着基础设施总体水平逐步提升，叠加债务水平和投资回报率约束，土地财政空间收窄，地方政府融资更加规范，或将导致基建投资增速回落。5G 网络、数据中心等新型基础设施建设稳步推进，将成为重点投资方向，并将引致更多相关领域投资增长。

（四）外贸进出口更趋平衡

我国外向型经济发展已进入从以商品输出为主，转向商品和资本输出并重的阶段，内需持续扩大带动进口较快增长，促进贸易收支平衡和贸易结构优化。货物贸易顺差和服务贸易逆差均趋于收缩。我国货物贸易结构更趋优化，一般贸易增长较快，占货物贸易总额已经接近 60%，加工贸易占比持续下降。货物贸易顺差在 2015 年达到 5 939 亿美元的峰值后回落至 2019 年的 4 215 亿美元。服务贸易逆差由 2018 年的 2 582 亿美元降至 2019 年的 2 178 亿美元，随着我国知识密集型服务业加快发展，服务贸易逆差有望进一步缩小。货物贸易和服务贸易占比将持续"一降一升"。2012—2019 年，我国对外贸易总额中货物贸易比重从 89% 以上逐年回落到 85.4%，服务贸易占比持续提升。目前，全球服务贸易保持较快增速，数字服务贸易不断发展，随着我国服务领域加快扩大对外开放，特别是数字经济方面优势逐步显现，我国服务贸易有望保持较快增长。但与发达国家相比，我国服务业开放水平还不高、服务贸易的国际竞争力仍有待提升。“一带一路”沿线国家贸易占比将持续较快上升。国际经贸摩擦形势更趋严峻，我国主要贸易伙伴发生变化，2019 年欧盟、东盟、美国和日本为我国前四大贸易伙伴（见表 4–2），其中东盟首次取代美国成为第二大贸易伙伴，前十一大贸易伙伴占比超过 73%。2019 年“一带一路”沿线国家进出口占我国进出口总值约 30%，随着新兴经济体和发展中经济体需求水平持续提升，“一带一路”沿线国家与我国经贸联系将更趋紧密。

表 4–2　我国主要贸易伙伴占贸易总额比重变化　　单位：%

国家和地区	2016 年	2019 年
欧盟	14.84	15.41
东盟	12.27	14.02
美国	14.09	11.83
日本	7.46	6.88
中国香港	8.27	6.30
韩国	6.85	6.21
中国台湾	4.88	4.99
巴西	1.84	2.52

续表

国家和地区	2016 年	2019 年
俄罗斯	1.89	2.42
印度	1.90	2.03
南非	0.96	0.93

资料来源：海关总署。

三、要素结构显著变化，要素质量提升任务更加紧迫

受技术追赶空间相对收窄、劳动供给数量逐年减少、资本回报率不断下降、生态环保标准持续提升等因素影响，更多依靠扩大资本、劳动和土地等要素投入以支撑经济增长的传统发展模式难以为继，实现可持续发展将更多依靠提升要素投入质量和要素使用效率。

（一）劳动力数量优势将转向劳动力质量优势

近年来，我国人口增长趋势总体放缓，人口老龄化压力加大，65 岁以上人口的数量和比重呈现加速上升态势。劳动力供给连续下降，近五年 16 ~ 59 岁的劳动年龄人口年均降幅约 440 万人，流动人口数量 2014 年达到 2.53 亿人的峰值之后逐步回落。2018 年以来，就业人数总量开始下降，劳动力数量优势和与之相关的低成本优势进一步被削弱。与此同时，人力资本的质量明显提升，劳动

年龄人口平均受教育年限提高至10.5年，与发达国家的差距进一步缩小。2019年，我国毕业大学生达834万人，其中科学、技术、工程和数学（STEM）类专业毕业生占比接近60%，其数量和比例均明显高于美国，这将为推动产业升级、强化创新驱动提供重要人才保障。

（二）资本积累从规模扩张转向质量提升

我国人均物质资本存量约相当于美、欧、日等发达经济体当前水平的1/3，但明显高于上述经济体在类似我国发展阶段时的水平。与此同时，我国资本规模快速扩张受到资本结构不合理和储蓄率下降的制约。我国资本结构中建筑类比重偏高，知识产权等无形资产和设备类投资的比重偏低，且从2012年开始，结构失衡还存在固化的倾向。高投资与高储蓄往往是一个硬币的两面，我国国民储蓄率仍保持在40%以上，但随着经济结构调整和居民消费持续增长，储蓄率自2011年以来一直呈下降趋势。

（三）全要素生产率有待进一步提高

改革开放前30年，伴随体制机制改革，以及工业化、城镇化进程快速推进，我国要素资源配置效率持续较快提升，全要素生产率年均增速在4%以上，近年来受各种因素影响增速有所放缓。未来一段时间，保持全要素生产率较快提升，将更多依靠技术进步和深化体制机制改革，更多依靠扩大高水平开放和融入全球产业分工体系，更多依靠发挥市场规模优势和不断提升创新能力。“十四五”时期，进一步释放增长潜力，需要不断推动经济增长动能从依靠要素数量投入，转向更多依靠要素质量提升。

（四）数据作为关键生产要素的作用更加凸显

2020 年 3 月，中共中央、国务院印发《关于构建更加完善的要素市场化配置体制机制的意见》，明确提出要加快培育数据要素市场，数据作为一种新型生产要素，与土地、劳动力、资本、技术等传统要素并列为重要要素之一。当前数字经济正在加快引领新经济发展，数字经济覆盖面广且渗透力强，与各行业融合发展，形成大数据、云计算、互联网、人工智能等新增长点，同时在城市交通、老年服务、城市安全等社会治理方面发挥重要作用。数据作为关键生产要素的重要性不断凸显，数据要素的高效配置是推动数字经济发展的关键一环，将在未来经济增长中发挥重要作用。

四、城乡结构加速演变，区域经济结构发生深刻变化

当前，我国正处于新型工业化、信息化、城镇化、农业现代化快速发展阶段，新型城镇化与乡村振兴融合发展，城乡结构变动将呈现新的特征。同时，我国区域经济发展的空间结构正在发生深刻变化，主体功能明显、优势互补、高质量发展的区域经济布局正在逐步形成。

（一）城镇化速度将呈现稳中趋缓的态势

2019 年我国常住人口城镇化率达到 60.6%，城镇化发展更多由速度增长转向质量提升。预计“十四五”时期，由城乡划分范围调整带来的城镇人口增长将明显下降，城镇人口自然增长率将略微下降，此外，随着农民工数量总体下降，城乡之间迁移人口对城镇化的贡献率也将进一步下降。预计“十四五”时期，我国城镇化率仍将继续攀升，但增速可能进一步放缓。

（二）中心城市和城市群集聚趋势更加明显

当前，经济增长带和增长极的带动作用较为突出，经济和人口向大城市及城市群集聚的趋势更加明显。在新形势下，区域政策将更加强调发挥各地区比较优势，使优势地区有更大发展空间，建设用地等资源将向中心城市和重点城市群倾斜，进一步增强中心城市和城市群等经济发展优势区域的经济和人口承载能力，将推动形成若干能够带动全国高质量发展的新动力源。京津冀、长三角、珠三角三大地区，以及一些重要城市群的经济发展引领作用将进一步强化和凸显。

（三）乡村发展活力进一步激发释放

随着乡村振兴战略的深入实施，乡村地区发展的基础设施短板和弱项得到有效补齐，城乡要素市场化改革进程加快，乡村地区要素产权得以激活，将进一步优化乡村地区要素资源配置。“十四五”

时期，城乡之间的融合度将进一步提升，城市和农村“二元化”特征将更趋淡化，更加强调城市圈、城市群等区域一体化发展，各类要素将融入区域整体规划中进行统一配置，乡村发展的要素供给和保障水平将不断提升，有利于释放乡村发展活力和潜力。

（四）区域发展协调性总体增强

“十四五”时期，随着区域协调发展新机制的不断完善落实，重大区域发展战略实施效果逐步显现，区域发展协调性总体上有望持续增强。与此同时，各区域在总体发展更趋协调中也存在分化发展态势。长三角、珠三角等地区已初步走上高质量发展轨道，一些北方省份增长放缓，全国经济重心进一步南移。各板块内部也出现明显分化，部分省份内部也存在分化现象。特别是部分区域发展面临较大困难，需要从国家层面进一步加大支持力度，补齐短板、激发活力，提升区域可持续发展能力。

五、生态文明建设进入新阶段，生态环境治理仍面临较大挑战

近年来，生态优先、绿色发展的理念深入人心，生态环境保护和污染防治有力推进，我国生态环境质量持续好转，呈现稳步改善提升趋势，但过去长期积累的环境问题解决起来绝非一朝一夕之功，生态环境治理成效并不稳固。当前，生态文明建设正处于压力叠加、

负重前行的关键期，已进入提供更多优质生态产品以满足人民日益增长的优美生态环境需要的攻坚期，也到了有条件有能力解决生态环境突出问题的重要窗口期，生态环境治理仍面临不少挑战和困难。

（一）生态系统功能仍待修复改善

随着全社会对山水林田湖草生命共同体理念认识持续深化，生态系统保护体系不断健全，我国生态系统的稳定性、功能性总体提升，但受历史欠账较多、生态系统修复周期较长等因素影响，生态系统质量功能仍存在一些突出问题。森林生态系统稳定性不高，全国乔木纯林面积达 10 447 万公顷，占乔木林比例达 58.1%，占比偏高；全国乔木林质量指数为 0.62，整体仍处于中等水平。草原生态系统整体仍较脆弱，中度和重度退化面积仍占 1/3 以上。土地质量问题依然严峻，全国荒漠化土地面积 2.61 亿公顷，沙化土地面积 1.72 亿公顷，水土流失面积 2.74 亿公顷，局部区域水土流失问题仍然在加剧。近岸海域生态系统健康状况不佳，红树林面积与上世纪 50 年代相比减少了 40%，珊瑚礁覆盖率下降、海草床盖度降低等问题较为突出，自然岸线缩减的现象依然普遍，防灾减灾功能退化。部分河道、湿地、湖泊生态功能降低或丧失。

（二）水资源保障面临一定挑战

近年来，我国水资源保护力度持续加大，水环境质量持续改善，但人多水少、时空分布不均的基本水情难以改变，单位国土面积水资源、人均水资源占有量仍处于国际较低水平，水资源保障仍是关系经济社会可持续发展的重要问题。水资源供给结构性矛盾突出，部分地区水资源过度开发，经济社会用水大量挤占河湖生态水量，水生态空间被侵占，流域区域生态保护和修复、用水保障、水质改善、生物多样性保护等面临严峻挑战。2019 年全国仍有 65 个国考断面水质为劣Ⅴ类，黄河、淮河、辽河、海河和松花江流域水质总体仍为轻度污染，仍有 8 个入海河流断面水质为劣Ⅴ类（见图 4–5）。地下水水质总体上并不乐观，一些地区长期大规模超采地下水，形成地下水漏斗区，引发地面沉降、海水入侵等生态环境问题，部分地区地下水污染严重。全国地级及以上城市中，有 72 个集中式生活饮用水源存在不同程度的超标情况，部分城市过度挖湖引水造景，加剧水资源紧缺，破坏水系循环。全国废污水排放总量居高不下，不少河流污染物入河量超过其纳污能力。

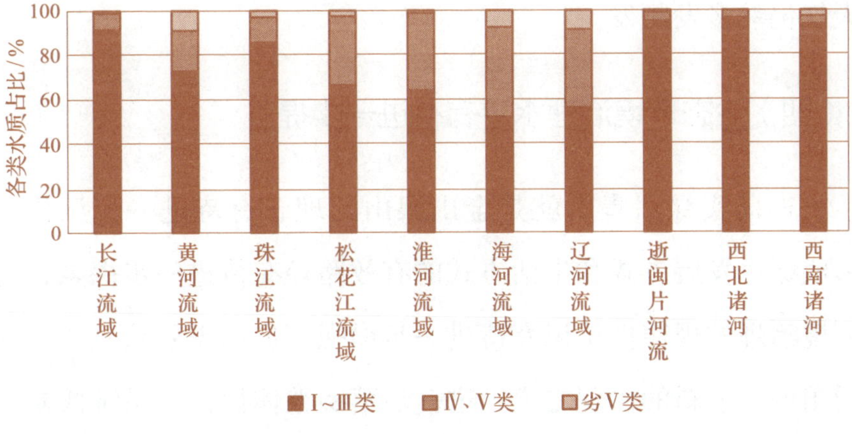

图 4–5　2019 年七大流域和浙闽片河流、西北诸河、西南诸河水质状况

资料来源：生态环境部《2019中国生态环境状况公报》。

（三）大气污染防治仍需持续加力

近年来，大气环境治理取得明显成效，城市空气质量明显改善，但也应看到，大气环境质量改善成效并不稳固，污染物新增量仍处于高位，“靠天吃饭”的情况仍然突出，空气质量改善提升的空间仍然较大。2019 年全国 337 个地级及以上城市中 180 个城市环境空气质量不达标，占比达 53.4%；累计发生重度污染 1 666 天，比 2018 年增加 88 天；$PM_{2.5}$ 平均浓度为 36.3 微克 / 立方米，仍然高于国家二级标准 35 微克 / 立方米的水平。京津冀及周边地区、汾渭平原 $PM_{2.5}$ 平均浓度仍为国家二级标准的 1.6 倍左右，区域空气重污染过程时有发生。汾渭平原近年来主要空气质量指标呈恶化趋势，是当前全国 SO_2 浓度最高的区域。长三角、成渝、长江中游等地区季节性大气污染问题突出，特别是秋冬季时节，北方地区重污染天气仍然多发频发。

（四）生态环境治理水平有待进一步提升

贯彻落实绿水青山就是金山银山的理念有待进一步深化，推动形成绿色发展方式和生活方式的有效路径有待进一步探索，对生态环境治理的规律性认识有待进一步增强。迫切需要从系统工程和全局角度寻求新的治理之道，进一步落实整体保护、系统修复、综合治理的要求，防止不合理的开发利用活动大量挤占和破坏生态空间。生态环境保护具有明显的公益性、外部性，盈利能力低、项目风险多，加之生态保护补偿机制仍不够完善，生态产品价值实现仍缺乏有效途径，激励社会资本投入生态建设的有效政策和措施仍然不足，社会资本进入意愿仍然不强，生态环境治理多元化投入的体制机制有待加快建立健全。同时，随着人民群众对环境风险的认知能力提升、防范意识增强、容忍度降低，将对生态环境治理水平提出新的更高要求。

六、社会结构深刻变化，社会治理面临新挑战

我国社会结构加快调整，公共服务供需矛盾突出，收入分配差距较大，人口老龄化加剧养老服务和社会保障压力，影响社会稳定的风险源增多、“燃点”降低，社会治理面临许多新的问题和挑战。

（一）人口老龄化程度持续加深

2019 年我国 14 亿人口中，0 ~ 15 岁占 17.8%，比 2015 年小幅上升 0.2 个百分点；16 ~ 64 岁占 69.6%，比 2015 年下降 2.3 个百分点；65 岁及以上占 12.6%，比 2015 年上升 2.1 个百分点（见表 4–3）。综合当前各年龄段人口规模、新出生人口及人均寿命变化等因素，“十四五”时期人口年龄结构变化特征可能由“十三五”时期“两升一降”转变为“两降一升”，即：新出生人口减少，劳动年龄人口进一步下降，老年人口持续增加。联合国人口署预测，2025 年我国 65 岁及以上人口占比将超过 14%，将达到其划定的深

度老龄化社会标准。人口老龄化程度加深，推高医疗费用和医保支出规模，特别是劳动年龄人口总量下降，将导致老年抚养比持续上升，对养老保障可持续性造成严峻挑战。同时，人口老龄化将极大影响消费需求、改变消费结构，养老服务供给能力提升需求迫切。

表 4–3 2015 年和 2019 年人口年龄占比

年龄段	2015 年		2019 年	
	年末数 / 万人	占比 /%	年末数 / 万人	占比 /%
0 ~ 15 岁（含不满 16 周岁）	24 166	17.6	24 977	17.8
16 ~ 64 岁（含不满 65 周岁）	98 910	71.9	97 425	69.6
65 周岁及以上	14 386	10.5	17 603	12.6

资料来源：国家统计局。

（二）“橄榄型”分配格局尚未形成

改革开放以来，我国积极推进收入分配制度改革，已形成世界上最大规模的中等收入群体。“十四五”时期，我国有望进入高收入国家行列，居民收入水平、教育水平将不断提高，多种要素按贡献参与分配、基本公共服务均等化体制机制更加完善，中等收入群体将逐步扩大。但仍要看到，我国中等收入群体规模相对经济发展水平滞后明显，美、英、德、法、日等发达国家在人均 GDP 与我国相近阶段，中产阶级迅速扩大，占比接近或超过50%，我国与之相比还有很大差距。中等收入群体内部不平衡问题仍然突出，农村“扩中”任重道远，中等收入群体中较低收入人群占比较高。中等收入群体的存量和增量也很不稳定，部分中等收入群体就业稳定性较低、福利保障水平不高，部分退休人群面临退出中等收入群体风险。此外，严峻复杂的内外部环境也将对就业和收入产生较大影响，“橄榄型”分配格局的形成面临更多困难和挑战。

（三）家庭结构变化带来新挑战

家庭结构变化受经济和产业结构、城镇化进程、人口政策、社会保障体系等多重因素影响，我国家庭结构变化经历了规模小型化、结构多样化、成员居住分散化等过程。未来一段时期，结婚率和生育意愿下降、离婚率上升、农村劳动力转移就业、人口老龄化等推动家庭规模缩小的因素将依然存在，但边际影响可能有所减弱。受抚幼需要增强等因素影响，家庭规模小型化速度可能有所放缓，家庭规模可能继续保持稳定或略有下降。家庭结构的变化也将带来一些新的挑战，家庭规模小型化、年龄结构老化、育儿需求增加，可能使家庭养老资源减少，老年人幸福感降低，“一老一小”居家照料问题凸显，对社会治理提出更高要求。

（四）居民需求变化带来新问题

“十四五”时期，我国城乡居民需求结构、生活习惯和行为方式等将逐步演变，人民群众对美好生活的需求持续增加，基本需求标准逐步提高、高级需求进一步凸显，与民生保障手段方式相对落后的矛盾更加突出。公共服务供需错位问题仍然突出，医疗卫生、养老等重点民生领域存在有效供给不足的突出问题，供给的针对性和有效性仍然有待提升，同时市场和社会组织等多元主体主动参与、高品质精准化适配供给的局面尚未形成，优质公共服务资源相对不足和配置不均等问题日益显现。

七、一些领域矛盾风险相互交织，防范化解重大风险面临新挑战

当前我国正处于爬坡过坎、努力跨越中等收入陷阱的关键时期，一些结构性、体制性、周期性矛盾仍然存在，发展不平衡不充分问题仍然突出，宏观政策边际效应有所弱化，内生增长动力有待进一步释放。受内外部环境深刻复杂变化影响，各领域长期存在的重大风险也呈现出一些新变化，不确定性总体增强，对未来一个时期着力防范化解重大风险提出新挑战。

（一）经济领域一些风险不容忽视

伴随我国开放水平不断提升，与全球市场共振联动持续增强，外部输入性风险影响加大。银行表外业务增多、局部地区不良贷款暴露增加、公司信用类债券部分品种违约率上升、P2P 网贷和非法

集资等风险持续暴露，股市、债市、期市、汇市风险叠加，金融系统风险持续积累。同时，地方政府隐性债务化解压力依然存在，一些地方财政受疫情影响较大，收支平衡压力加大。房地产市场平稳运行的基础尚不稳固，一些家庭受疫情冲击财务状况恶化，可能进一步加剧房地产市场风险。此外，就业增长、收入分配、粮食安全、资源能源供应等也面临不少短期困难和中长期矛盾，风险挑战增多。

（二）社会领域重大风险呈点多面广状况

在内外部环境综合作用下，社会领域新旧矛盾风险可能叠加放大，对社会治理提出新挑战。社会多元发展使治理难度进一步加大，伴随社会结构加快变化、利益格局深刻调整，利益群体诉求更趋复杂，收入差距拉大、优质教育资源供给紧张等矛盾日益突出，治理复杂性不断增加。民生保障仍然面临较大压力，人民群众健康需求不断增强，医疗资源紧平衡态势可能加剧，社会保障支出压力不断加大。疫情对就业民生保障带来较强冲击，部分农民工返岗困难，高校毕业生就业难度加大，居民收入增速放缓叠加物价上涨，部分群众基本生活面临的困难增多。

（三）公共卫生应急管理体系存在风险漏洞

人员大规模流动将加快各类传染性疾病传播，大范围、跨区域的紧急公共卫生事件仍有可能发生，卫生、防疫等公共卫生安全风险点增多，应急综合保障需求明显增大。我国已经建立了包括风险监测、识别、研判、预警和防控在内的公共卫生应急管理体系，但在健全法律法规、完善监测直报体系、加强日常培训和应急演练、畅通社会公众参与渠道、建立共防共治体系等方面还有不少可以改进提升的空间。

（四）各类风险交织传导共振加剧

随着经济社会快速发展，社会分工不断细化，各领域联系更加紧密，重大风险传导能力增强，某一领域风险可能向关联性较强的领域传导。经济、社会等领域一些问题社会关注度较高，可能被传导扩散，形成舆论热点。随着我国国际影响力不断增强，意识形态领域面临的扰乱渗透更为复杂，网络舆情风险预警、态势感知、应急处置的难度加大，容易致使个别风险演化为综合风险、局部风险演化为系统风险，甚至可能影响社会稳定和国家安全。

综合分析，未来一个时期，我国仍处于发展的重要战略机遇期，主动影响塑造外部环境的能力将明显增强，具备有效应对外部风险挑战和把握用好战略机遇的积极条件。

从外部环境看，随着中美两国综合实力进一步接近，大国竞争博弈加剧，这将成为制约我中长期发展的最大不确定性因素。世界经济复苏困难较大，经济全球化遭遇逆流，全球经贸规则和产业分工体系加快调整重塑，我们必须在一个更加不稳定不确定的世界中谋求发展。也应看到，世界和平与发展的时代主题没有改变，经济全球化的大势难以根本逆转，变局中危和机同生并存，世界发展“东升西降”趋势明显，大国竞争博弈的“时”与“势”在我一边。未来一段时期，我国作为全球性大国的战略地位将进一步巩固，综合竞争力将不断提升，将由被动适应外部环境逐步向主动影响塑造外部环境转变，走近世界舞台中央的步伐不可阻挡，推动构建人类命运共同体面临重要历史机遇。

从自身发展看，我国发展不平衡不充分问题仍然突出，发展质量和效益有待提升、人口老龄化速度加快、社会建设相对滞后、生态环境形势依然严峻，一些重点领域风险较高，特别是受疫情冲击下公共卫生等方面暴露出一些短板弱项，这些问题给我国经济社会发展带来不少困难和挑战。也应看到，我国已进入高质量发展阶段，发展具有多方面优势和条件，我国经济长期向好的基本趋势没有变，经济韧性好、潜力足、回旋空间大的基本特质没有变。我们有改革开放以来积累的雄厚物质技术基础，有超大规模的市场优势、内需潜力和广阔发展空间，有庞大的人力资本和人才资源。特别是，我们有以习近平同志为核心的党中央的坚强领导，有习近平新时代中国特色社会主义思想的科学指引，有中国特色社会主义制度的显著优势，在面对困难复杂局面时能够万众一心、众志成城，凝聚起突破前行的强大力量，这是我国发展的最大有利条件和优势所在。

“十四五”时期，要清醒认识内外部环境条件的复杂变化，深刻认识把握重要战略机遇新内涵，更加紧密地团结在以习近平同志为核心的党中央周围，坚持以习近平新时代中国特色社会主义思想为指导，增强机遇意识和风险意识，把握发展规律，发扬斗争精神，善于化危为机、转危为安，走稳自己的路、办好自己的事，努力在危机中育新机、于变局中开新局，延长并用好重要战略机遇期，成功跨越中等收入陷阱，实现由经济大国向经济强国转变，开创中国特色社会主义事业的崭新局面。

第五章

以习近平新时代中国特色社会主义经济思想指导“十四五”规划编制和发展改革工作

做好“十四五”规划编制和发展改革工作，必须高举中国特色社会主义伟大旗帜，深入贯彻党的十九大和十九届二中、三中、四中全会精神，坚持以马克思列宁主义、毛泽东思想、邓小平理论、“三个代表”重要思想、科学发展观、习近平新时代中国特色社会主义思想为指导，全面贯彻党的基本理论、基本路线、基本方略，深入贯彻习近平新时代中国特色社会主义经济思想，增强“四个意识”、坚定“四个自信”、做到“两个维护”，加强党对一切工作的领导，坚持稳中求进工作总基调，坚定不移贯彻新发展理念，统筹发展和安全，推进国家治理体系和治理能力现代化，实现经济行稳致远、社会安定和谐，为全面建设社会主义现代化国家开好局、起好步。

▌第一节▐

指导新时代发展改革工作的总体要求

面对全面建设社会主义现代化的新任务新要求，编制“十四五”规划和做好发展改革工作，必须全面贯彻落实习近平新时代中国特色社会主义经济思想，牢牢把握以下九方面要求。

一、坚持加强党对经济工作的集中统一领导

“十四五”时期，要发挥党中央集中统一领导的定海神针作用，完善坚定维护党中央权威和集中统一领导的各项制度，坚持和完善党领导经济社会发展的体制机制，把党领导经济工作的制度优势转化为治理效能，为实现高质量发展提供根本保证。要遵循经济社会发展规律，加强对经济社会发展重大问题的研究，从系统论出发优

化经济治理方式，自觉同党的基本理论、基本路线、基本方略对标对表，同党中央决策部署对标对表，不断加强党对发展改革工作的全面领导。要在党的领导下，更好履行各级政府职责，以统一的意志和行动维护党的团结统一，充分调动各方面积极性，最大程度地激发全社会攻坚克难的积极性、主动性、创造性，形成全党全国各族人民推动现代化建设的强大合力。

二、坚持以人民为中心的发展思想

“十四五”时期，必须始终做到发展为了人民、发展依靠人民、发展成果由人民共享，不断实现人民对美好生活的向往。要坚持人民至上、紧紧依靠人民、不断造福人民、牢牢植根人民，用心用情用力做好为民服务的工作，做到民有所呼、政有所应，聚焦教育医疗、社会保障、生态环保、平安建设等重点领域，从广大群众普遍关心的就业、上学、社保、看病、住房、养老、食品安全、社会治安等方面的实际问题入手，一件件梳理、一条条研究、一项项落实，力求早解决、早见效，切实解决好群众的操心事、烦心事、揪心事，在幼有所育、学有所教、劳有所得、病有所医、老有所养、住有所居、弱有所扶上不断取得新进展，使改革发展成果更多更公平惠及全体人民，不断朝着全体人民共同富裕的目标前进。

三、坚持统筹推进“五位一体”总体布局和协调推进“四个全面”战略布局

“十四五”时期，要统筹推进“五位一体”总体布局，结合中国特色社会主义进入新时代、我国发展呈现阶段性特征、社会主要矛盾发生关系全局的历史性变化等新形势新要求，建设现代化经济体系，健全人民当家做主制度体系，发展中国特色社会主义文化，提高保障和改善民生水平，加快生态文明体制改革，着力解决好发展不平衡不充分问题。要协调推进“四个全面”战略布局，全面建成小康社会、全面深化改革、全面依法治国、全面从严治党，在全面建成小康社会目标胜利实现后，按照党的十九大战略部署，开启全面建设社会主义现代化国家新征程。

四、坚定不移贯彻新发展理念

“十四五”时期，必须把新发展理念贯穿发展全过程和各领域，实现更高质量、更有效率、更加公平、更可持续、更为安全的发展。坚持创新发展，要全面提高自主创新能力，深化科技体制改革，在科技创新上取得重大突破，推进科技创新成果向现实生产力转化，加大人才发展体制创新。坚持协调发展，要落实好国家重大区域发展战略，促进生产力布局优化，不断缩小城乡发展差距，着

力推动物质文明和精神文明协调发展、经济建设和国防建设融合发展。坚持绿色发展，要在转变经济发展方式、环境污染综合治理、自然生态保护修复、资源节约集约利用、完善生态文明制度体系等方面采取超常举措。坚持开放发展，要提高把握国内国际两个大局的自觉性和能力，提高对外开放质量和水平。坚持共享发展，要以保障和改善民生为重点，发展各项社会事业，扩大中等收入群体，逐步形成橄榄型分配格局，保证人民平等参与、平等发展权利。

五、坚持稳中求进工作总基调

“十四五”时期，面对更加复杂严峻的外部形势和更加艰巨繁重的改革发展稳定任务，要坚持以稳促进、以进固稳。稳是主基调、是大局，要坚持稳字当头，保持战略定力、坚持底线思维，充分利用有利条件，努力克服不利因素，扎实办好自己的事，一步一个脚印向前迈进，稳住经济基本盘，着力做好稳就业、稳金融、稳外贸、稳外资、稳投资、稳预期工作，保持经济运行在合理区间，坚决守住金融风险、社会民生、生态环境等底线，为进创造稳定宏观环境。同时，要在稳的基础上积极进取，进是方向、是目标，要着力培育壮大新的增长点增长极，解决推动经济社会发展长期积累的深层次矛盾和突出问题，加强统筹协调，形成政策合力，牢牢把握发展主动权，更好维护经济发展和社会稳定大局。

六、坚定不移推动高质量发展

“十四五”时期，要以现代化经济体系建设为先导，坚持质量第一、效益优先，推动经济社会发展质量、效率、动力根本性变革，不断增强经济创新力和竞争力。要持续推进发展方式由粗放型向集约型转变、经济结构由中低端迈向中高端、新旧动能转换接续，推动经济增长由主要依靠要素投入转向更多依靠提高全要素生产率，由主要依靠资本、劳动力等传统要素转向主要依靠创新和数据等新要素。要聚焦供给需求、投入产出、收入分配、空间布局等重大结构优化，加快建设现代化经济体系和适应高质量发展要求的治理体系，全面提高生产、生活、生态质量。要努力实现最优政策组合和最大整体效果，在政策取向上协调配合，把握好节奏和力度。

七、持续深化供给侧结构性改革

“十四五”时期，要持续深化供给侧结构性改革，充分发挥我国超大规模市场优势和内需潜力，正确处理扩大内需与深化供给侧结构性改革的关系。深化供给侧结构性改革，要更多采取改革的办法，更多运用市场化、法治化手段，着眼社会需求结构变化，强化技术创新、产业创新和制度创新，畅通要素配置市场化渠道、创新成果产业化渠道、金融服务实体经济渠道和市场出清渠道，不断增强经济增长内生动力。要通过调整现有供给结构、提高产品和服务质量，积极促进实物消费提档升级，推进服务消费提质扩容，提高供给体系质量，从深层次上解决供给同需求错位问题，实现供需高水平动态均衡、经济高水平循环畅通。

八、加快建设现代化经济体系

“十四五”时期，要提高经济社会活动各个环节、各个层面、各个领域的内在联系，加强产业体系、市场体系、收入分配体系、城乡区域发展体系、绿色发展体系、全面开放体系、经济体制等一体建设、一体推进。要紧紧围绕制造强国和市场大国建设，加快建设实体经济、科技创新、现代金融、人力资源协同发展的产业体系，构建市场机制有效、微观主体有活力、宏观调控有度的经济体制，促进形成强大国内市场，健全推动发展先进制造业、振兴实体经济的体制机制，推动传统制造业优化升级，加快发展新兴产业，抓好农业生产，着力巩固脱贫攻坚成果，推动形成主体功能明显、优势互补、高质量发展的区域经济布局。

九、坚持全面深化改革开放和强化创新驱动发展

“十四五”时期，必须坚定不移推进改革，继续扩大开放，持续增强发展动力和活力。要把改革开放和创新驱动作为推动高质量

发展的两个轮子，坚持全面深化改革、全面开放和全方位创新，加快建设高标准市场体系和高水平开放型经济新体制，构建关键核心技术攻关新型举国体制，为经济社会发展注入强劲动力。要高举新时代改革开放旗帜，充分认识新形势下改革开放的时代性、体系性、全局性问题，在更高起点、更高层次、更高目标上推进改革开放，善于用改革的办法解决发展中的问题，以开放促改革、促发展、促创新。要破除一切制约科技创新的思想障碍和制度藩篱，全面提升创新能力和效率，加快形成以创新为主要引领和支撑的经济体系和发展模式，抢占新一轮科技竞争和未来发展制高点，在世界大发展大变革大调整中立于不败之地。

推动“十四五”时期经济社会平稳健康发展，在具体工作中，还要把握正确的策略和方法，处理好五方面关系。

一是质量优先和稳定增长的关系。着力强本培元、增强韧性，在牢牢守住红线底线、确保国家安全的前提下，将质量和效益作为衡量发展绩效的主要标准，在不断扩大经济总量中着力提升发展质量。既要保持经济运行在合理区间，防止短期冲击演变为趋势性变化，更要坚决摒弃粗放式发展模式，注重提高劳动生产率和全要素生产率，使每个百分点的增长速度包含更多的科技含量、文化分量、生态质量，确保经济实现量的合理增长和质的稳步提升。

二是优化供给和扩大内需的关系。供给与需求对立统一，相互依存，互为条件，新的需求可以催生新的供给，新的供给可以创造新的需求。扩大国内需求的着力点不能只放在需求侧，同样重要的是改善供给结构，提升供给体系质量，减少无效供给，创造适应新需求的有效供给。要把扩大国内需求和促进供给升级有机结合起来，把握扩大内需这一战略基点，以供给侧结构性改革为主线，以高质量供给适应、引领、创造新需求，着力打通生产、分配、流通、消费各个环节，持之以恒促进形成强大国内市场，加快构建完整的内需体系，提高供给质量和水平，释放市场需求潜力，完善内需主导、内生增长的发展模式，逐步形成以国内大循环为主体、国内国际双循环相互促进的新发展格局。

三是独立自主和开放合作的关系。努力在更高水平上统筹国内国际两个大局、两种资源、两个市场，既要以我为主，集中力量办好自己的事，充分发挥制度优势和市场优势，深挖国内发展潜力，集中精力发挥强大国内市场的托底支撑作用，畅通国民经济内生循环，增强自主创新能力，力求关键环节自主可控；又要从全球视野出发，认真考虑大变局中我国的全球战略定位，在世界局势深刻演变中主动布局，坚定不移积极融入国际市场，创新参与国际合作竞争方式，在深度融入全球经济中塑造国际竞争新优势，增强发展的内外联动性，实现开放合作和独立自主相辅相成和相互促进，拓展我国发展新空间。

四是有效市场和有为政府的关系。充分发挥市场配置资源的决定性作用，政府通过优化营商环境激发市场活力，发挥政府在危机应对中的主导作用，促进有效市场和有为政府相协调。既要深化“放管服”改革，打造市场化、法治化、国际化的一流营商环境，加快形成统一开放、竞争有序的市场体系，推动资源配置依据市场规则、市场价格、市场竞争实现效益最大化和效率最优化；又要准确把握政府职能边界，坚持有所为有所不为、有所先为有所后为，统筹引导全国资源配置和空间布局，注重发挥中央和地方两个积极性，健全部门协调配合机制，赋予地方更多自主权，尊重地方首创精神，在指标制定、改革探索上给地方留出充足空间，营造良好政策环境和稳定社会预期。

五是尽力而为和量力而行的关系。统筹需要与可能，妥善处理好满足发展需要与人财物力有限之间的矛盾，既要充分调动各方面主观能动性和创造性，聚焦经济社会发展的突出短板和薄弱环节，集中资源、精准投向，想群众之所想，急群众之所急，尽全力解决好人民群众最关心最直接最现实的利益问题，着力推动高质量发展；又要坚持实事求是，不拔高标准、吊高胃口，不超越发展阶段做力不从心的事、不过度透支未来财力，科学合理确定发展目标、建设规模和民生标准，稳扎稳打、分步推进。

第二节

完善推动高质量发展的制度环境

推动高质量发展是当前和今后一个时期确定发展思路、制定经济政策、实施宏观调控的根本要求。“十四五”时期，必须坚持质量第一、效益优先，以供给侧结构性改革为主线，推动经济发展质量变革、效率变革、动力变革，提高全要素生产率，努力实现更高质量、更有效率、更加公平、更可持续、更为安全的发展。

一、优化高质量发展指标体系

高质量发展，是为了更好满足人民日益增长的美好生活需要的发展，是体现新发展理念的发展，是创新成为第一动力、协调成为内生特点、绿色成为普遍形态、开放成为必由之路、共享成为根本目的的发展。“十四五”时期，要持续优化高质量发展指标体系，更好发挥推动高质量发展的“指挥棒”作用。根据高质量发展内涵和要求，切实突出重点，分层设计，在发展目标上更加注重质与量的统一协调，更加重视符合创新、协调、绿色、开放、共享的新发展理念的要求，更加注重体现以人民为中心、更好反映人民群众的主观感受，充分体现高质量发展在供给、需求、投入产出、分配、宏观经济循环等方面的特征，反映市场活力和信心状况，切实推动经济发展实现量的合理增长和质的稳步提升。

二、健全高质量发展政策体系

“十四五”时期，要以提高发展质量、提升经济效率、促进社会公平、增强可持续性为导向，调整优化各项政策设计，努力形成各方面政策协同配合、良性互动的高质量发展政策体系。要适应高质量发展要求创新和完善宏观调控，加强政策统筹，健全以国家发展规划为战略导向，以财政政策和货币政策为主要手段，就业、产业、投资、消费、区域等政策协同发力的宏观调控制度体系，进一步提升宏观调控预期引导和管理能力。要持续推进创新驱动和产业转型升级，强化创新第一动力、人才第一资源对支撑高质量发展的作用，培育壮大新动能，改造提升传统动能，推动互联网、大数据、人工智能等与实体经济深度融合。要深化改革扩大开放，加快构建更加完善的要素市场化配置体制机制，打造国际一流营商环境，坚持引进来和走出去并重，遵循共商共建共享原则，形成陆海内外联动、东西双向互济的开放格局。要健全民生保障和社会发展政策，坚持就业优先战略，实施更加积极的就业政策，提高居民收入水平，推进基本公共服务均等化，建立健全多层次养老保障体系，提升防灾减灾救灾能力。

三、提升高质量发展标准体系

落实新发展理念、推动高质量发展，迫切需要高标准支撑。“十四五”时期，要着力健全各领域推动高质量发展的标准体系。健全农业农村标准体系，构建农业全产业链标准体系，加快乡村治理标准建设。提升食品消费品医疗用品标准水平。优化制造业高端化标准体系，健全智能制造、绿色制造标准体系，提升高端装备、材料标准水平。健全新一代信息技术产业和生物技术标准体系，推进新型信息基础设施标准体系建设，强化基础软硬件标准研制，健全生物技术标准体系。完善工程建设标准体系，系统制定强制性工程建设规范。健全服务业标准体系，完善生产性、生活性服务业标准体系，健全基本公共服务标准体系。加强营商环境标准化建设，优化政务服务标准体系，开展市场主体保护与市场环境优化标准建设，建立执法监管标准体系。强化应对突发公共安全事件标准建设，加快应急物资管理标准研制，完善个体防护装备标准体系。建立和完善生态文明建设标准体系，完善能源资源节约与利用标准体系。积极参与国际标准制定，推动国际标准共商共建共享。同时，强化组织实施健全保障体系，推动高质量发展标准体系不断完善。

四、形成高质量发展统计体系

经过长期探索和实践，我国已经建立了较为完善的统计指标体系和调查体系，基本涵盖反映国民经济运行情况和景气程度的各个领域。“十四五”期间，要加快建立和完善适应、反映、引领、推动高质量发展的统计体系和统计体制，推动统计职能、统计内容、统计方法、统计手段的转型升级，全面提升统计能力、数据质量和服务水平，为推动高质量发展提供坚实统计保障。要进一步完善统计指标体系，系统梳理现有反映质量、结构、效益的统计指标，研究创设新的统计指标，形成综合反映经济发展质量、结构、效益的统计指标体系框架。要进一步完善统计标准体系，按照准确衡量和有力推动高质量发展的要求，借鉴国际统计先进经验，研究制修订反映人民日益增长的美好生活需要、经济结构转型升级等的统计分类标准，持续推进统计标准化、规范化工作。要进一步完善统计监测制度体系，从供给、需求、投入产出、分配和居民生活以及宏观经济循环等多个层面，健全统计监测制度。要进一步完善统计调查实施体系，提升以互联网、大数据、移动终端、物联网等现代技术为依托的统计手段体系，努力形成基于电子政务、电子商务记录和大数据广泛应用的“互联网 +”统计生产方式，努力实现高质量发展统计手段现代化。

五、完善高质量发展绩效评价

开展高质量发展相关绩效评价，能够使各方面在推动高质量发展上有所遵循，形成有效的激励约束，增强全社会推动高质量发展的积极性和主动性。“十四五”时期，要对标推动高质量发展要求，建立覆盖各地区、各类单位的分级分类绩效评价制度，探索实行差别化与综合性评价相结合、定量与定性评价相结合的绩效评价方式。要逐步对各地区、各部门和企事业单位开展高质量发展绩效评价，对照高质量发展内涵，切实贯彻新发展理念、落实以人民为中心的发展要求，聚焦影响高质量发展的突出问题，通过设置科学合理的评价方法和评价指标，评价有关方面贯彻落实新发展理念、推动经济发展质量变革、效率变革、动力变革、建设现代化经济体系等方面的情况，衡量和客观反映有关方面高质量发展水平。高质量发展绩效评价既要突出高质量发展的共性特征，又要注重因地制宜，从实际出发，结合不同区域、不同领域、不同主体的实际情况，实施差异化绩效评价，引导不同地区、不同主体探索符合自身实际的高质量发展路径。

六、改进高质量发展政绩考核

政绩考核是“风向标”，对经济社会发展具有重要的引导作用。“十四五”时期，要按照推动高质量发展要求，着力提升考核质量，激励担当作为。要紧紧围绕新时代、新使命、新要求确定考核内容指标，把适应新时代要求、落实党中央决策部署、完成目标任务的能力作为考核领导班子能力的重要内容，把解决发展不平衡不充分问题、满足人民日益增长的美好生活需要的情况和实际成效作为考核领导班子工作实绩的重要内容。要落实新发展理念，突出高质量发展导向，改进推动高质量发展的政绩考核，因地制宜合理设置经济社会发展实绩考核指标和权重，突出对打好重点任务攻坚战的考核，加强对深化供给侧结构性改革、保障和改善民生、加强和创新社会治理、推动创新发展、加强法治建设、促进社会公平正义等工作的考核，加大安全生产、社会稳定等约束性指标的考核权重。要通过改革和完善干部考核制度，进一步调整优化考核内容，改进考核方式方法，强化考核结果运用，促进各级领导干部树立正确的政绩观，最大限度调动广大干部推动高质量发展的积极性、主动性、创造性。

第三节

建设现代化经济体系

“十四五”时期，必须深刻认识建设现代化经济体系的重要性和必要性，科学把握建设现代化经济体系的目标和重点，推动我国经济发展焕发新活力、迈上新台阶。

一、建设创新引领、协同发展的产业体系

创新引领、协同发展的产业体系，是指把创新作为第一动力，通过技术、资本、劳动等生产要素同实体经济发展紧密结合，着力提高要素质量、优化要素结构、实现要素合理配置，使科技创新在实体经济发展中的贡献份额不断提高，现代金融服务实体经济的能力不断增强，人力资源支撑实体经济发展的作用不断优化，从而推

动经济发展质量变革、效率变革、动力变革，提高全要素生产率和科技进步贡献率，不断增强我国经济创新力和竞争力。“十四五”时期，要努力实现实体经济、科技创新、现代金融、人力资源协同发展。着力振兴实体经济，大力发展先进制造业和培育壮大战略性新兴产业，加快制造业前沿领域创新布局，深入推动制造业智能化发展。全面推动科技创新，着力提升科技创新的质量效率，突出企业创新主体地位提升产业创新能力，努力打造区域创新高地，深入实施促进科技成果转移转化行动，加强知识产权行政执法和司法保护衔接。发展完善现代金融，以服从服务于经济社会发展为目标，完善金融市场、金融机构、金融产品体系，提高防范化解金融风险能力。强化人力资源支撑，扎实开展职业技能培训，优化就业服务，着力改善劳动者就业条件，培养造就一大批具有国际水平的战略科技人才、科技领军人才、青年科技人才和高水平创新团队。

二、建设统一开放、竞争有序的市场体系

统一开放、竞争有序的市场体系，是指实现市场准入畅通、市场开放有序、市场竞争充分、市场秩序规范，形成企业自主经营公平竞争、消费者自由选择自主消费、商品和要素自由流动平等交换的现代市场体系。“十四五”时期，要以完善产权制度和要素市场化配置为重点，通过改革完善市场体系的功能，健全市场和价格机制，优化监管体系，充分发挥市场在资源配置中的决定性作用。一

方面，要优化商品及服务市场结构，加强多元化市场主体培育，打破市场地域分割和行业垄断，推进商品及服务市场开放，优化商品及服务市场秩序；另一方面，要着力推进要素市场体系建设，健全金融要素市场定价机制，构建统一平衡的劳动力市场，建立统一平等的土地市场，提升产权市场服务经济的功能，形成技术市场支撑经济创新发展的体制机制。

三、建设体现效率、促进公平的收入分配体系

体现效率、促进公平的收入分配体系，是指为实现收入分配合理有序，既适应社会主义市场经济体制、体现资源配置效率，又能够促进社会公平正义的一系列收入分配法律法规和制度政策，核心是要坚持按劳分配原则，完善按要素分配的体制机制，履行好政府再分配调节职能，促进收入分配更合理、更有序。“十四五”时期，要着力完善初次分配制度，坚持按劳分配原则，探索完善促进居民增收的政策举措，完善多劳多得、技高者多得的技能人才收入分配政策，完善资本、知识、技术、管理等要素按贡献参与分配的体制机制。要履行好政府再分配调节职能，合理降低企业税费负担，继续扩大行政事业性收费免征范围，清理规范涉企收费；强化税收对收入分配的调节功能，加大财政转移支付力度，针对落后地区、重点人群，通过社会政策托底、保护弱势群体等方式加大保障基本民生力度。要加快推进基本公共服务均等化，完善以涵盖教育、卫

生、劳动就业、社会保障、社会服务等领域的基本公共服务清单为核心的国家基本公共服务制度。

四、建设彰显优势、协调联动的城乡区域发展体系

彰显优势、协调联动的城乡区域发展体系，是指城乡区域发展贯彻新发展理念，适应推动高质量发展的要求，紧扣人民日益增长的美好生活需要，各自的比较优势得到深度挖掘、精准培育和有效发挥，城乡之间、区域之间优势互补、良性互动。“十四五”时期，要按照客观经济规律调整完善城乡区域政策体系，发挥各自比较优势，按照宜工则工、宜商则商、宜农则农、宜粮则粮、宜山则山、宜水则水原则，科学合理确定不同区域的主要发展任务。实施乡村振兴战略，坚持农业农村优先发展，加快推进农业农村现代化。坚持以人为核心推进新型城镇化，扎实推进县城城镇化补短板强弱项工作。要根据各地区条件，促进各类要素合理流动和高效集聚，增强创新发展动力，加快构建高质量发展的动力系统，形成几个能够带动全国高质量发展的新动力源，特别是京津冀、长三角、珠三角三大地区，以及一些重要城市群，增强这些经济发展优势区域的经济和人口承载能力，增强其他地区在保障粮食安全、生态安全、边疆安全等方面的功能，走合理分工、优化发展的路子，形成优势互补、高质量发展的城乡区域经济布局，实现城乡区域要素配置合理化、基本公共服务均等化、基础设施通达程度比

较均衡、人民生活水平大体相当，塑造城乡融合、区域协调发展新格局。

五、建设资源节约、环境友好的绿色发展体系

资源节约、环境友好的绿色发展体系，是指实现绿色循环低碳发展、人与自然和谐共生，牢固树立和践行绿水青山就是金山银山的理念，形成人与自然和谐发展新格局。“十四五”时期，要加快推进绿色技术创新，强化企业的绿色技术创新主体地位，建设一批绿色技术创新公共平台。要建设绿色金融体系，完善有关绿色信贷、绿色债券、绿色基金、绿色保险的政策，出台各项配套政策支持体系。要推进能源生产和消费革命，继续深化重点领域节能，实施工业能效赶超行动，在重点耗能行业全面推行能效对标，积极推进能源结构调整和优化。要推进资源节约和循环利用，构建循环经济产业链条，推行生产者责任延伸制度，建立再生产品和再生原料推广使用制度。要以壮大节能环保、清洁生产、清洁能源以及绿色生态农林产业为抓手，持续培育绿色发展新动能。要着力解决突出环境问题，持续加强大气、水、土壤污染防治。要加大生态系统保护力度，推进山水林田湖草整体保护和系统监管，实施重要生态系统保护和修复重大工程，开展新时期大规模国土绿化行动，完善天然林保护制度，严格保护耕地，建立市场化、多元化生态保护补偿机制。

六、建设多元平衡、安全高效的全面开放体系

多元平衡、安全高效的全面开放体系，是指顺应国际国内环境和条件深刻变化，做到引进来与走出去更好结合、沿海开放与内陆沿边开放更好结合、制造业开放与服务业开放更好结合、向发达经济体开放与向发展中国家开放更好结合、多边开放与区域开放更好结合、开放与安全更好结合。“十四五”时期，要适应国际政治经济格局新变化和我国经济发展进入新时代的要求，推动由商品和要素流动型开放向规则等制度型开放转变。扎实推进“一带一路”建设，努力实现政策沟通、设施联通、贸易畅通、资金融通、民心相通，打造国际合作新平台。积极推进贸易强国建设，加快货物贸易优化升级，促进服务贸易创新发展，培育外贸新业态新模式。要改善外商投资环境实现高水平引进来，创新对外投资方式实现高质量走出去，稳步扩大金融对外开放，优化区域开放布局，促进贸易投资自由化便利化。要加快从低要素成本优势向综合竞争优势转变，从区域开放不协调向协调发展转变，从优惠政策为主向制度规范为主转变，加快培育国际合作和竞争新优势，更加积极地促进内需和外需平衡、进口和出口平衡、引进外资和对外投资平衡，发展更高层次开放型经济。

七、健全充分发挥市场作用、更好发挥政府作用的经济体制

充分发挥市场作用、更好发挥政府作用的经济体制，是指凡是市场机制能够发挥决定性作用的领域，都要坚持在市场机制下由市场微观经济主体按照自身利益最大化的目标来配置资源，大幅度减少政府对资源的直接配置，推动资源配置依据市场规则、市场价格、市场竞争实现效益最大化和效率最优化。“十四五”时期，要坚持社会主义市场经济改革方向，积极稳妥从广度和深度上推进市场化改革。要坚持和完善我国社会主义基本经济制度，毫不动摇巩固和发展公有制经济，毫不动摇鼓励、支持、引导非公有制经济发展。持续深化国资国企改革，完善各类国有资产管理体制，加快国有经济布局优化、结构调整、战略性重组，积极稳妥推进混合所有制改革。持续推进垄断行业改革，着力支持民营企业健康发展，加快健全归属清晰、权责明确、保护严格、流转顺畅的现代产权制度。要加快转变政府职能，持续深入推进简政放权、放管结合、优化服务，着力打造市场化、法治化、国际化的一流营商环境。要创新和完善宏观调控体制机制，加强宏观经济政策协调，加强预期管理和能力建设，加快建立现代财政制度，深化金融体制改革，使市场在资源配置中起决定性作用，更好发挥政府作用，为建设现代化经济体系提供强有力的制度保障。

第四节

健全宏观调控制度体系

宏观调控是实现经济社会平稳健康发展的重要保障，是完善社会主义市场经济体制的内在需求，是推进国家治理体系和治理能力现代化的客观要求。健全宏观调控制度体系，可以从完善宏观调控的目标体系、政策体系、决策协调体系、监督考评体系以及保障措施五个方面来进行把握。

一、完善宏观调控目标体系

（一）宏观调控目标体系的概念及意义

宏观调控目标体系，是政府在宏观调控方面所要达到的国民经济运行状态的预定目的，是一个由若干具体目标形成的体系，它决定了宏观调控的政策手段，是宏观调控的核心。

宏观调控目标体系在不同国家、不同时期虽然有所不同，但基本目标是相近的，国际上一般将集中于总量层面的经济增长、充分就业、价格稳定与国际收支平衡定义为宏观调控的目标。当前，我国经济循环不够顺畅，产业结构、需求结构、城乡结构等还不尽合理，科技创新能力短板仍较突出，社会民生领域面临较大挑战。因而，我国宏观调控目标体系应是一个涵盖经济、社会、民生、资源、生态、科技等多领域、系统化、与时俱进的综合指标体系，该目标体系以国民经济和社会发展年度计划（以下简称年度计划）中的计划总表为主要载体。

编制实施年度计划是中国特色社会主义宏观调控制度体系的重要组成部分，是我国国家治理体系和治理能力的重要体现，是我国宪法赋予政府的重要职责。年度计划由“计划报告”和“计划总表”组成，二者是相辅相成的有机整体。作为宏观调控综合性政策性文件，计划报告是关于上年度国民经济和社会发展计划执行情况和本年度国民经济和社会发展计划草案的报告，重点包括上一年度计划执行情况和指标完成情况评估、本年度经济社会发展面临的国内外形势、总体要求、主要目标和宏观政策取向，以及经济社会发展重点任务和措施。作为宏观调控目标体系，计划总表指标体系对政府工作报告公布的经济社会发展主要预期目标进行拓展延伸，目前涵盖经济发展、创新驱动、资源利用与环境保护、民生保障等不同领域超过60个指标的年度目标安排。年度计划经全国人民代表大会审查批准后即成为具备法律效力的国家计划，是开展年度经济社会工作的重要依据，是国家发展规划即国民经济和社会发展五年规划纲要的年度工作安排，是各地区各部门形成宏观调控合力的重要遵循。

» 专栏 5-1

宪法关于国民经济和社会发展计划的规定

第六十二条　全国人民代表大会行使下列职权：

（十）审查和批准国民经济和社会发展计划和计划执行情况的报告。

第六十七条　全国人民代表大会常务委员会行使下列职权：

（五）在全国人民代表大会闭会期间，审查和批准国民经济和社会发展计划、国家预算在执行过程中所必须作的部分调整方案。

第八十九条　国务院行使下列职权：

（五）编制和执行国民经济和社会发展计划和国家预算。

第九十九条　县级以上的地方各级人民代表大会审查和批准本行政区域内的国民经济和社会发展计划、预算以及它们的执行情况的报告。

（二）党的十八大以来宏观调控目标体系的历史沿革

党的十八大以来，我国持续创新完善宏观调控目标体系，相关工作取得积极进展，较好发挥了总量平衡和宏观引导作用。对照《中共中央关于制定国民经济和社会发展第十三个五年规划的建议》《国民经济和社会发展第十三个五年规划纲要》，按照贯彻新发展理念要求，2016 年计划总表指标体系调整为经济发展、创新驱动、节约环保、民生保障四个大项。2018 年计划总表中增加了城镇调查失业率指标，更好体现就业是最大的民生导向；为体现“发挥投资对优化供给结构的关键性作用”的定位调整，不再强调投资的总量目标，删除了全社会固定资产投资指标。2019 年，为进一步推动高质量发展，继续对计划总表相关指标进行调整，增加了全员劳动生产率指标，根据加强滨海湿地保护严格管控围填海等要求，删除了围填海总量指标。2020 年，删除了计划总表中已经完成任务的“移动宽带普及率”和“固定宽带家庭普及率”指标。

经过逐年调整，2020年计划总表62个指标中（见表5–1），经济发展指标22个，占比35.5%，较2012年降低11.1个百分点；创新驱动指标7个，占比11.3%，提高2.7个百分点；节约环保指标19个，占比30.6%，提高6.5个百分点；民生保障指标14个，占比22.6%，提高1.9个百分点。

表5–1 2020年国民经济和社会发展计划总表指标体系

领域大项	计划指标
一、经济发展	国内生产总值、第一产业、粮食产量、第二产业、工业、发电量、第三产业、全员劳动生产率、社会消费品零售总额、居民消费价格指数、货物进出口额、服务进出口额、外商直接投资、中长期外债规模、境外直接投资、常住人口城镇化率、户籍人口城镇化率、一般公共预算收入、一般公共预算支出、财政赤字、广义货币（M_2）供应量增长率、社会融资规模存量增长率
二、创新驱动	研究与试验发展经费投入强度、每万人口发明专利拥有量、科技进步贡献率、九年义务教育巩固率、高中阶段教育毛入学率、普通高等教育本专科招生数、研究生招生数
三、节约环保	单位国内生产总值能耗降低、单位国内生产总值二氧化碳排放量降低、非化石能源占一次能源消费比重、万元国内生产总值用水量下降、新增建设用地、新增建设占用农用地、新增建设占用耕地、补充耕地、营造林面积、地级及以上城市空气质量优良天数比率、细颗粒物（$PM_{2.5}$）未达标地级及以上城市浓度下降、地表水质量达到或好于Ⅲ类水体比例、地表水质量劣Ⅴ类水体比例、化学需氧量排放量降低、氨氮排放量降低、二氧化硫排放量降低、氮氧化物排放量降低、城市污水处理率、城市生活垃圾无害化处理率
四、民生保障	城镇新增就业人数、城镇调查失业率、城镇登记失业率、全国居民人均可支配收入、农村居民人均可支配收入、城镇居民人均可支配收入、农村贫困人口脱贫、年末总人口、每千人口医疗卫生机构床位数、每千人口执业（助理）医师数、为残疾人服务设施数、参加城镇职工基本养老保险人数、参加城乡居民基本养老保险人数、棚户区住房改造

（三）完善宏观调控目标体系的努力方向

“十四五”时期，要进一步推动宏观调控目标体系不断完善，重点把握好三个方面。

一是充分体现推动高质量发展要求。2018 年 9 月，中央全面深化改革委员会第四次会议审议通过了《关于推动高质量发展的意见》，明确提出要加快创建和完善制度环境，协调建立高质量发展的指标体系、政策体系、标准体系、统计体系、绩效评价和政绩考核办法。要坚持将宏观调控目标体系与中央精神对标对表，将更多高质量发展指标直接或间接体现在计划总表中。

二是与“十四五”规划目标充分衔接。五年规划确定的目标必须通过年度计划目标予以落实。从计划总表与“十三五”规划纲要指标衔接看，“十三五”时期经济社会发展主要指标共 33 个，其中，19 个约束性指标均以直接或间接方式纳入了计划总表；14 个预期性指标中，除人均预期寿命指标受统计时效性制约未纳入计划总表外，其余 13 个均以直接或间接方式纳入。

三是反映年度宏观调控重点和取向。计划总表既要涵盖经济增长、充分就业、价格稳定与国际收支平衡等核心目标，又要纳入服务年度调控需要的目标，比如近年来为打赢三大攻坚战，纳入农村贫困人口脱贫、单位国内生产总值能耗降低等指标，还应覆盖赤字率、广义货币 M_2 供应量、新增建设用地等反映宏观调控政策取向的目标。

二、完善宏观调控政策体系

宏观调控政策体系是实现宏观调控目标任务的手段和工具，完善我国宏观调控政策体系，要注意把握好以下四个方面。

（一）加强各项政策协调配合，促进形成集成效应

健全以国家发展规划为战略导向，发挥好国民经济和社会发展年度计划在落实发展规划上的关键作用，以财政政策和货币政策为主要手段，就业、产业、投资、消费、区域等政策协同发力。坚持宏观政策要稳、微观政策要活、社会政策要托底，坚持问题导向、目标导向、结果导向，合理确定政策操作方向及松紧搭配程度，努力实现最优政策组合和最大整体效果，提高宏观调控的前瞻性、针对性、有效性。

（二）保持宏观政策连续性、稳定性，完善宏观调控跨周期设计和调节

坚持不搞“大水漫灌”式强刺激，在区间调控基础上加强定向调控、相机调控、精准调控，主动预调微调，以宏观政策的稳定性、针对性、有效性对冲外部环境的不确定性，保持经济运行在合理区间。强化宏观政策逆周期调节，根据经济增长和价格形势变化及时预调微调，实现稳增长与防风险长期均衡。财政政策要注重实效，注重质量和效益；完善标准科学、规范透明、约束有力的预算

制度，全面实施预算绩效管理；依法构建管理规范、责任清晰、公开透明、风险可控的政府举债融资机制。健全货币政策和宏观审慎政策双支柱调控框架，健全中央银行货币决策机制，完善基础货币投放机制，推动货币政策从数量型调控为主向价格型调控为主转型，加大对实体经济的金融支持；全面加强宏观审慎管理，强化综合监管，突出功能监管和行为监管，加强薄弱环节金融监管制度建设，守住不发生系统性金融风险底线。就业优先政策要全面强化，把稳就业摆在更加突出位置，坚决落实保居民就业任务，完善就业优先的调控机制，清理对就业的不合理限制，稳定就业总量，改善就业结构，提升就业质量，促进创业带动就业，推动创新创业深入发展。

》专栏 5-2

2020 年宏观政策总体思路

紧扣全面建成小康社会目标任务，统筹推进疫情防控和经济社会发展工作，在疫情防控常态化前提下，坚持稳中求进工作总基调，坚持新发展理念，坚持以供给侧结构性改革为主线，坚持以改革开放为动力推动高质量发展，坚决打好三大攻坚战，加大“六稳”工作力度，保居民就业、保基本民生、保市场主体、保粮食能源安全、保产业链供应链稳定、保基层运转，坚定实施扩大内需战略，维护经济发展和社会稳定大局，确保完成决战决胜脱贫攻坚目标任务，全面建成小康社会。

积极的财政政策要更加积极有为。赤字率按3.6%以上安排，财政赤字规模比2019年增加1万亿元，同时发行1万亿元抗疫特别国债，上述2万亿元全部转给地方，建立特殊转移支付机制，资金直达市县基层、直接惠企利民，主要用于保就业、保基本民生、保市场主体。大力优化财政支出结构，基本民生支出只增不减，重点领域支出要切实保障，一般支出要坚决压减。

稳健的货币政策要更加灵活适度。综合运用降准降息、再贷款等手段，引导广义货币供应量和社会融资规模增速明显高于去年。保持人民币汇率在合理均衡水平上基本稳定。创新直达实体经济的货币政策工具，务必推动企业便利获得贷款，推动利率持续下行。

就业优先政策要全面强化。财政、货币和投资等政策要聚力支持稳就业。努力稳定现有就业，积极增加新的就业，促进失业人员再就业。清理取消对就业的不合理限制，引导灵活就业、新就业形态健康发展。强化对高校毕业生、农民工、退役军人等重点群体帮扶，加强对就业困难人员特别是贫困劳动力的就业援助。

（三）结构性政策要发挥更大作用

持续增强改革牵引作用，以增强微观主体活力为重点，坚持和完善社会主义基本经济制度，加快建设高标准市场体系，扎实推动相关改革走深走实。善用高水平开放倒逼深化改革，构建更加完善的要素市场化配置体制机制。进一步深化“放管服”改革，打造市场化、法治化、国际化的一流营商环境。加快国资国企改革，发挥国有资本投资、运营公司功能作用，推动国有资本布局优化调整，支持国有企业做强做优做大。加快建立现代财税制度，优化政府间事权和财权划分，建立权责清晰、财力协调、区域均衡的中央和地方财政关系，形成稳定的各级政府事权、支出责任和财力相适应的制度，完善直接税制度并逐步提高其比重，健全地方税体系。建立现代金融监管体系，有序实现人民币资本项目可兑换，稳步推进人民币国际化。

推动产业政策向普惠化和功能性转型，强化对科技创新和产业优化升级的支持，加强产业政策和竞争政策协同。健全推动发展先进制造业、振兴实体经济的体制机制。完善落实区域政策，促进区域协调发展，深入实施区域重大战略，发挥各地区比较优势，推动形成优势互补、高质量发展的区域经济格局。坚定实施扩大内需战略。不断完善促进消费体制机制，千方百计促进城乡居民收入合理增长，有效扩大汽车、家电等传统消费，积极培育文旅、养老、家政、体育、医疗等消费新增长点，加快线上线下融合的新型消费发展，培育丰富在线教育、在线医疗、在线文娱等线上消费，深化消费领域包容审慎和协同监管，多措并举促进消费提质扩容。更好发挥投资补短板的关键作用，深化投融资体制改革，用好政府投资杠杆，发挥市场机制和社会投资作用，推进新型基础设施投资，加强新型城镇化建设，加强交通、水利等重大工程建设，拉动有效投资。

（四）社会政策要强化兜底保障功能

健全统筹城乡、可持续的基本养老保险制度、基本医疗保险制度，稳步提高保障水平。实施企业职工基本养老保险基金中央调剂制度，尽快实现养老保险全国统筹，促进基本养老保险基金长期平衡。深化医药卫生体制改革，完善统一的城乡居民医保和大病保险制度。完善失业保险制度。统筹完善社会救助、社会福利、慈善事业、优抚安置等制度。加强社会救助资源统筹，完善基本民生保障兜底机制。坚持房子是用来住的、不是用来炒的定位，加快建立多主体供给、多渠道保障、租购并举的住房制度。健全公共卫生服务体系，优化医疗卫生资源投入结构，加强农村、社区等基层防控能力建设。完善优化重大疫情救治体系，建立健全分级、分层、分流的传染病等重大疫情救治机制。健全统一的应急物资保障体系，优化重要应急物资产能保障和区域布局，健全国家储备体系，完善储备品类、规模、结构，提升储备效能。

三、完善宏观调控决策协调体系

坚持以高质量发展为导向提高宏观调控政策精准决策和执行水平，优化宏观调控决策协调相关实施程序，构建完善经济监测预测预警—经济形势分析研判—宏观政策预研储备—宏观政策统筹协调—宏观政策决策落实—宏观政策效果评估—宏观政策反馈调整的全链条机制，增强整个链条的科学性、前瞻性、系统性、协同性。

（一）强化经济监测预测预警和形势分析研判

宏观经济反映的是国民经济的总体活动，只有对宏观经济运行的各个不同侧面进行监测和深入分析，并在此基础上综合研究，才能正确显示宏观经济的总体状态，揭示其变化趋势和运行规律，发现经济运行中存在的问题。经济预测是宏观经济政策制定和实施的前提和基础，只有对经济运行的趋势进行正确的判断，才能为宏观经济调控政策的制定提供可靠的依据，也只有在对宏观政策的可能效果进行预测分析的基础上，才能够准确掌握政策实施力度，恰当把握政策出台时机。宏观经济预警建立在宏观经济监测预测的基础上，通过对有关经济指标特别是先于宏观经济运行的指标发展趋势进行整合判断，在宏观经济运行总体态势出现逆转前预先发出警告信号。

“十四五”时期，要进一步完善宏观经济监测预测预警平台，加强各方面经济预测工作的沟通交流，持续充实完善经济形势定量、定性预测方法库，常态化推动开展地区经济运行、重点企业运营情况监测预测预警工作，健全反映经济高质量发展的监测指标，探索构建宏观经济周、旬、月度大数据监测指标体系。在此基础上，形成对经济运行态势、趋势的判断。

（二）强化宏观政策预研储备

宏观政策预研储备是宏观调控的“弹药库”和“工具箱”，宏观政策预研储备不充足，宏观调控的质量和效果也会受到影响。党的十八大以来，相关部门不断完善宏观政策预研储备机制，注重研究和工作积累，始终保持应对经济走势变化的敏锐性，结合对经济走势的预研预判，按照经济运行可能出现的不同情景，预研、论证、细化、储备了一批有针对性的政策措施建议。

“十四五”时期，要按照高质量发展要求进一步完善宏观政策预研储备机制，着力拓展政策预研储备的广度和深度，紧密结合经济形势特点充实完善政策储备工具箱，统筹协调各有关部门强化政策储备研究，紧紧围绕可能影响经济平稳运行的突出矛盾和风险因素持续开展政策研究，前瞻性提出操作性强、可较快见效的综合性政策储备建议，确保在应对复杂严峻形势的关键时刻拿得出方案、派得上用场、见得到实效。

（三）强化宏观政策统筹协调

宏观政策不协同不配套，将导致政策效果大打折扣，甚至影响市场和社会预期。党的十八大以来，我国不断强化部门间宏观政策统筹，加强对政策时序、边界、方向、目标的协调，增强财政、货币、产业、投资、消费、区域等政策之间的优化组合，提高政策的系统性。特别是2020年在应对新冠肺炎疫情过程中，各有关部门统筹疫情防控和经济社会发展，不失时机推进复工复产，推出8个方面90项政策措施，及时有效促进了经济社会正常秩序的恢复。同时也要看到，目前宏观政策的统筹协调还存在改进提升的空间，需要我们进一步加力完善。

“十四五”时期，要加强宏观政策制定协调，坚持在服务大局中谋划和推动工作，坚决克服部门利益和本位主义，协调一致、达成共识，避免政策冲突、效应抵消。要强化宏观政策协同配套，制定和调整政策要充分考虑关联行业和领域实际情况，避免简单化“一刀切”，加强规范性文件备案审查，建立文件清理长效机制，使各项政策相互促进、相得益彰。要科学审慎研判政策预期效果，根据轻重缓急、难易程度、推进条件，统筹把握好政策出台时机、力度和节奏，结合经济形势发展需要动态调整相关政策储备建议出台的路线图、时间表、优先序。

（四）强化宏观政策评估反馈

宏观政策评估反馈机制是宏观调控决策协调体系全链条闭环的一个关键环节，主要包括三个方面。一是政策出台前的协调评估。即对拟出台宏观政策可能产生的政策效应特别是交叉影响、负面影响进行全面评估，重点是评估是否与其他政策之间产生相互冲突降低政策效果，或多项政策同向叠加共振、用力过猛加剧经济波动，为把握好政策出台实施的时机、力度和节奏提供有力支撑。二是政策执行过程中的落实监测。强化政策执行过程中的监测和评估，及时发现政策实施后出现的新情况新问题，包括政策实施中工作不落实，以及出现效果不及预期、政策负面效应叠加共振等。三是发现问题后的反馈调整。针对宏观政策实施过程中出现的问题，及时调整完善相关政策措施，确保实现预期政策效果。

“十四五”时期，要持续优化宏观政策出台后跟踪评估的方法、程序、重点，充分发挥地方政府和市场主体积极性，及时发现政策实施中工作不落实、效果不及预期、负面效应叠加共振等问题，依据评估结果对相关问题及时进行调整，推动政策落实落地、取得预期效果。

四、完善宏观调控监督考评体系

完善的宏观调控监督考评体系是宏观调控政策落实落地、充分发挥作用的有力保障。党的十八大以来，我国不断完善宏观调控监督考评体系，把抓落实放在更加突出的位置，强化督查、奖优惩怠。“十四五”时期，重点从以下四个方面进一步完善宏观调控监督考评体系。

（一）坚持高质量发展方向

2018年9月，中央全面深化改革委员会第四次会议指出，推动高质量发展是当前和今后一个时期确定发展思路、制定经济政策、实施宏观调控的根本要求，要加快创建和完善制度环境，协调建立高质量发展的绩效评价和政绩考核办法。因而，完善我国宏观调控监督考评体系，根本上也要以高质量发展的绩效评价和政绩考核办法为依据。

（二）强化督查督办手段运用

按照“谁出台、谁负责”的原则，各项重大调控政策等均应明确具体实施的时间表、路线图，细化责任分工，通过自查督查、会议审议、向党中央、国务院报告以及定期“回头看”，形成建立台账、专人盯办，传达学习、专题研究，持续跟踪、一抓到底的工作闭环，保证各项政策措施落地生根。

（三）加强系统监督机制建设

强化系统上下联动，在联合调研、信息报送、政策解读、试点示范等方面，一体部署、一并推进、发挥合力。加强对宏观调控重大决策部署和专项重点工作落实的监督检查，强化现场调度、规范纠偏和效果评估，对有令不行、有禁不止的依法依规追责问责，对真抓实干、成效显著的加大激励力度。灵活运用现场会、电视电话会、经验通报等方式，加强典型经验总结推广，务求取得更大实效。

（四）发挥外部监督考评作用

强化第三方评估机制，重大政策原则上都要引入社会力量开展第三方评估，积极支持独立第三方政策咨询评估机构发展。强化审计监督，积极配合做好宏观调控重大政策贯彻落实情况跟踪审计，充分发挥审计在维护国家财政经济秩序、提高财政资金使用效益、促进廉政建设、保障经济社会健康发展等方面的重要作用。

五、完善宏观调控的保障措施

（一）依法实施宏观调控

“十四五”时期，要建设与新时代宏观调控需要相适应的法治体系，推进科学立法、民主立法、依法立法，制定和完善发展规划、国土空间规划、财政税收、金融、涉外经贸、自然资源资产、生态环境、农业等方面法律法规。强化政府实施宏观调控的法治化思维，坚持依法行政，提高运用宏观调控法治化手段的能力，加强法治政府建设。

》专栏 5-3

《政府投资条例》发布实施相关情况

将政府投资纳入法治轨道，既是依法规范政府投资行为的客观需要，也是深入推进依法行政、加快建设法治政府、推进国家治理体系和治理能力现代化的内在要求。

2019 年 5 月，国务院公布《政府投资条例》(国务院令第 712 号，以下简称《条例》)，自 2019 年 7 月 1 日起施行。《条例》专门规范政府投资行为，是投资领域一部重要的行政法规，解决了我国政府投资管理缺乏上位法，现有规章、规范性文件权威性不足、指导性不够、约束性不强的问题，对落实新形势下党中央、国务院关于投资工作的新要求、解决实践中的突出问题，作出了有针对性的制度安排。《条例》主要内容包括：

一是明确界定政府投资范围，确保政府投资聚焦重点、精准发力。政府投资资金应当投向市场不能有效配置资源的公共领域项目，以非经营性项目为主；国家建立政府投资范围定期评估调整机制，不断优化政府投资方向和结构。

二是明确政府投资的主要原则和基本要求。政府投资应当科学决策、规范管理、注重绩效、公开透明，并与经济社会发展水平和财政收支状况相适应；政府及其有关部门不得违法违规举借债务筹措政府投资资金；安排政府投资资金应当平等对待各类投资主体。

三是规范和优化政府投资决策程序，确保政府投资科学决策。进一步规范政府投资项目审批制度，重大政府投资项目应当履行中介服务机构评估、公众参与、专家评议、风险评估等程序；强化投资概算的约束力。

四是明确政府投资年度计划的相关要求。国务院投资主管部门、国务院其他有关部门以及县级以上地方人民政府有关部门按照规定编制政府投资年度计划，明确项目名称、建设内容及规模、建设工期等事项，政府投资年度计划应当和本级预算相衔接。

五是严格项目实施和事中事后监管。政府投资项目开工建设应当符合规定的建设条件，并按照批准的内容实施；政府投资项目所需资金应当按规定确保落实到位，建设投资原则上不得超过经核定的投资概算；政府投资项目应当合理确定并严格执行建设工期，按规定进行竣工验收，并在竣工验收合格后办理竣工财务决算；加强对政府投资项目实施情况的监督检查，建立信息共享机制；政府投资年度计划、项目审批和实施等信息应当依法公开。

《条例》公布后，引起各级政府及有关部门、广大投资者、投资项目参建单位等社会各界广泛关注，社会反响积极。

（二）全面强化统计支撑

统计是实施宏观调控的基础。党的十八大以来，我国统计核算改革取得了积极进展。目前，我国国民经济核算体系与国际规范已经接轨，GDP 核算数据科学可靠、国际可比，得到联合国、世界银行、IMF、OECD 的一致认可，已经加入 IMF 的数据公布特殊标准（SDDS），可以说是已完成“统计入世”。

“十四五”时期，我国将加快建立和完善适应、反映、引领、推动高质量发展的统计体系和统计体制，深化重点领域统计改革，扎实推进农业农村、服务业、消费、投资、科技等领域统计制度方法改革，强化统计方法整体设计，积极探索大数据在普查、常规统计调查中的创新应用，加快推进统计云应用平台建设，深度开发利用全国经济普查、全国人口普查和国家脱贫攻坚普查成果，组织对普查资料进行多层次、全方位的研究分析。

» 专栏 5-4

我国完善统计核算制度取得的进展

党的十八大以来，我国完善统计核算制度取得的进展主要表现在以下方面。

一是国内生产总值核算更加健全。我国已经采取生产法、收入法、支出法三种方式来核算国内生产总值，目前季度核算主要采用生产法，正朝着支出法核算方向努力。

二是国民经济核算表系更加完善。我国已经形成国民经济核算五大表系，即国内生产和国民收入表、投入产出表、资金流量表、国际收支表、资产负债表，这一表系为国民经济核算提供了有力支撑。

三是实行多种方式并行的统计核算数据调查体系。五年一次的经济普查、十年一次的农业普查为统计核算数据调查奠定了坚实基础。通过互联网直报系统，把众多规模以上企业的统计数据直接从源头报送到国家统计局，有效避免了中间层次的影响，并对规模以下的企业、物价、劳动力采取抽样调查办法。抽样调查、全面调查加上普查，形成了多种方式并行的数据调查体系，保证了源头数据的真实可靠。

四是落实三大统计核算改革任务。中央明确要求，从2019年开始实施地区生产总值统一核算改革，确保地区生产总值汇总数据与国内生产总值数据基本衔接。第二项改革是编制国家和地方资产负债表，目前2015年、2016年国家资产负债表已经编制完成。同时还有一个任务是编制自然资源资产负债表，正在抓紧试点。

五是积极推进“三新”经济统计探索。我国对新产业、新业态、新商业模式的“三新”经济（涵盖平台经济、数字经济）统计制度已经建立，2015—2017年，我国“三新”经济占GDP比重分别达到14.8%、15.3%、15.7%，在沿海一些地方，比如上海、深圳，比例可以达到30%以上；增量当中的比重在这些地方能够超过40%，反映了“三新”经济对我国经济发展的支撑。

（三）进一步加强宏观调控理论研究

理论是实践的先导，健全宏观调控制度体系离不开宏观调控理论的指导。“十四五”时期，要以习近平新时代中国特色社会主义经济思想为指导，进一步加强中国特色社会主义宏观调控理论研究与实践结合，系统总结党的十八大以来党中央、国务院在宏观调控理论和实践上的最新探索，及时上升为指导理论。要加强相关部门之间、部门与研究机构之间的宏观调控理论联合调研和重大问题研究，定期不定期深入开展宏观调控理论双向交流研讨。要强化高等院校宏观调控专业力量，结合互联网、大数据、人工智能等现代技术手段完善专业课程内容，加强国际宏观调控前沿跟踪研究，推进部委与高校联合开展宏观调控人才培养试点。

第五节

完善国家中长期经济社会发展规划制度

用五年规划引领经济社会发展，是党治国理政的一个重要方式。党的十九大报告强调，要创新和完善宏观调控，发挥国家发展规划的战略导向作用，健全财政、货币、产业、区域等经济政策协调机制。科学编制并有效实施国家发展规划，阐明建设社会主义现代化强国奋斗目标在规划期内的战略部署和具体安排，引导公共资源配置方向，规范市场主体行为，有利于保持国家战略连续性稳定性，集中力量办大事，确保一张蓝图绘到底。在统一规划体系中，各级发展规划、专项规划、区域规划、空间规划等共同形成强大的规划合力，为更好发挥国家发展规划战略导向作用提供重要支撑。

一、建立健全统一的规划体系

统一规划体系是形成规划合力、更好发挥国家发展规划战略导向作用的关键。要坚持下位规划服从上位规划、下级规划服务上级规划、等位规划相互协调，建立以国家发展规划为统领，以空间规划为基础，以专项规划、区域规划为支撑，由国家、省、市县各级规划共同组成，定位准确、边界清晰、功能互补、统一衔接的国家规划体系（见图 5-1）。建立国家统一规划体系，目的是要在强化国家发展规划统领作用基础上，推动专项规划从“条”上进行深化、区域规划从“块”上予以细化、空间规划从“地”上加以落实，做到各类规划各居其位、相互补位、有机衔接、形成合力。以下重点阐述各类国家级规划的功能定位、管理机制等，省级和市县级规划应参照执行。

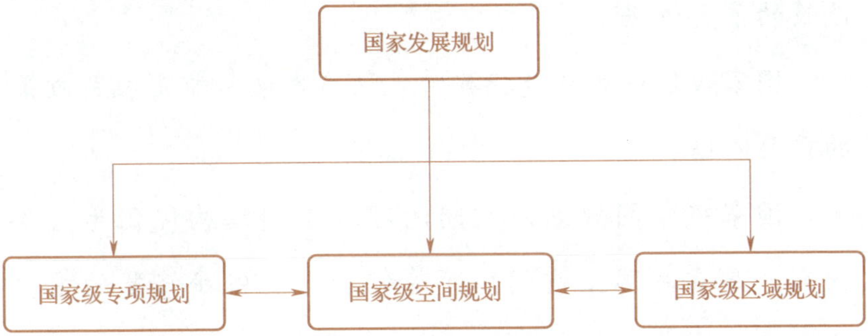

图 5-1 国家规划体系

》专栏 5-5

各类规划的功能定位

国家发展规划，即中华人民共和国国民经济和社会发展五年规划纲要，是社会主义现代化战略在规划期内的阶段性部署和安排，主要是阐明国家战略意图、明确政府工作重点、引导规范市场主体行为，是经济社会发展的宏伟蓝图，是全国各族人民共同的行动纲领，是政府履行经济调节、市场监管、社会管理、公共服务、生态环境保护职能的重要依据。国家级专项规划、区域规划、空间规划，均须依据国家发展规划编制。

国家级专项规划是指导特定领域发展、布局重大工程项目、合理配置公共资源、引导社会资本投向、制定相关政策的重要依据。

国家级区域规划是指导特定区域发展和制定相关政策的重要依据。

国家级空间规划以空间治理和空间结构优化为主要内容，是实施国土空间用途管制和生态保护修复的重要依据。

（一）强化国家发展规划的统领作用

要强化国家发展规划统领性，围绕战略性、宏观性和指导性以及指导和约束功能，聚焦事关国家长远发展的大战略、跨部门跨行业的大政策、具有全局性影响的跨区域大项目，把党的主张转化为国家意志，为各类规划系统落实国家发展战略提供遵循。要发挥其统筹重大战略和重大举措时空安排的功能，明确空间战略格局、空间结构优化方向以及重大生产力布局安排，为国家级空间规划留出接口。要科学选取需要集中力量突破的关键领域和需要着力开发或者保护的重点区域，为确定国家级重点专项规划编制目录清单、区域规划年度审批计划并开展相关工作提供依据。

（二）强化空间规划的基础作用

国家级空间规划要聚焦空间开发强度管控和主要控制线落地，全面摸清并分析国土空间本底条件，划定城镇、农业、生态空间以及生态保护红线、永久基本农田、城镇开发边界，并以此为载体统筹协调各类空间管控手段，整合形成“多规合一”的空间规划。要强化在空间开发保护方面的基础和平台功能，为国家发展规划确定的重大战略任务落地实施提供空间保障，对其他规划提出的基础设施、城镇建设、资源能源、生态环保等开发保护活动提供指导和约束。

（三）强化专项规划和区域规划的支撑作用

国家级专项规划要围绕国家发展规划在特定领域提出的重点任务，制定细化落实的时间表和路线图，提高针对性和可操作性。

国家级区域规划要以国家发展规划确定的重点地区、跨行政区且经济社会活动联系紧密的连片区域以及承担重大战略任务的特定区域为对象，以贯彻实施重大区域战略、协调解决跨行政区重大问题为重点，突出区域特色，指导特定区域协作协同发展。

（四）强化年度计划与国家发展规划衔接

年度计划是国家发展规划实施的重要支撑。年度计划主要针对某一年度的经济社会发展进行部署，需要适应形势变化相机制定具体目标和任务。作为国家发展规划中某一年度的发展指南，年度计划的重要任务是分年度细化落实国家发展规划，重点要做好两方面的衔接：一是目标的衔接，年度计划要将国家发展规划确定的主要指标分解纳入年度指标体系，设置年度目标并做好年度间综合平衡。二是任务的衔接，年度计划要按照国家发展规划确定的发展方向，结合形势发展确定年度工作重点，明确重大工程、重大项目、重大举措的年度实施要求。

（五）加强规划管理和衔接协调

统一的规划体系，离不开统一的规划管理。要按照优化协同高效的原则，坚持一类事项原则上由一个部门统筹、一件事情原则上由一个部门负责，加强归口管理，避免政出多门、各行其是。

第一，建立健全规划编制目录清单管理制度。通过目录清单管理，从源头上解决规划编制随意、数量过多的问题。报请国务院批准的国家级专项规划、区域规划、空间规划，应按照有关规定，制定编制目录清单或审批计划，报国务院批准实施。国务院各部门自行编制或批准的各类规划，应按规定做好备案。除党中央、国务院有明确要求外，未列入目录清单、审批计划的规划，属各部门日常工作或任务实施期限少于 3 年的，原则上不得编制规划（见图 5–2）。

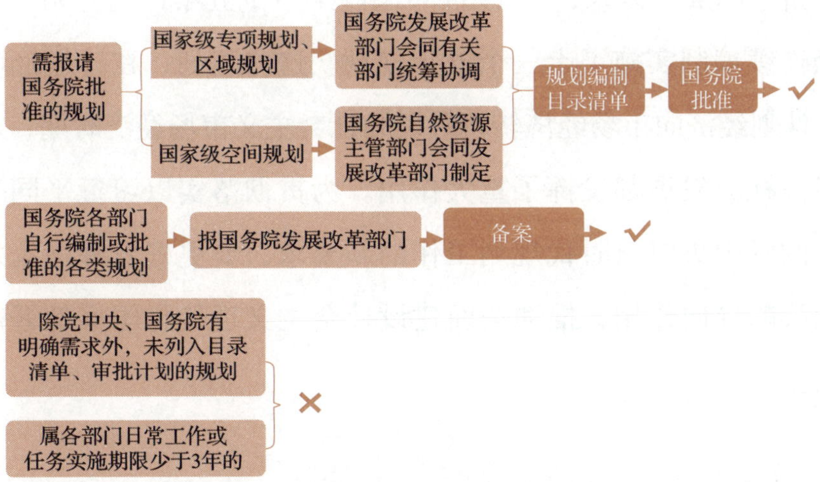

图 5–2　规划编制目录清单管理流程

第二，强化规划衔接协调。建立健全规划衔接协调机制，明确衔接原则和重点，规范衔接程序，确保各级各类规划协调一致。衔接重点是规划目标特别是约束性指标、发展方向、总体布局、重大政策、重大工程、风险防控等，必要时应组织开展审查论证。要加强省级发展规划与国家发展规划的衔接，国家级专项规划、区域规划与空间规划的相互衔接，确保规划落地。

第三，发挥规划管理信息平台作用。可依托现有政务信息平台，建设国家规划综合管理信息平台，将各类规划纳入统一管理，注重规划信息互联互通、归集共享，有效提高规划管理水平和效率。

二、更好发挥国家发展规划战略导向作用

新中国成立以来，从 1953 年编制第一个五年计划开始，我国已经连续编制实施了十三个五年规划。这些规划，在计划经济时期、计划经济向市场经济转轨时期和社会主义市场经济时期，对国家经济社会发展都发挥了重大作用。为贯彻落实以习近平同志为核心的党中央对新时代规划工作的新要求，要更好发挥国家发展规划战略导向作用，推动全面建设社会主义现代化国家部署落到实处。

» 专栏 5-6

新中国成立以来我国编制实施的十三个五年规划

计划经济体制下的五年规划：“一五”计划（1953—1957 年）、“二五”计划（1958—1962 年）、“三五”计划（1966—1970 年）、“四五”计划（1971—1975 年）、“五五”计划（1976—1980 年）。

计划经济体制向社会主义市场经济体制转轨时期的五年规划：“六五”计划（1981—1985 年）、“七五”计划（1986—1990 年）、国民经济和社会发展十年规划和“八五”计划（1991—1995 年）、“九五”计划和 2010 年远景目标（1996—2000 年）。

社会主义市场经济体制基本建立后的五年规划：“十五”计划（2001—2005 年）、“十一五”规划（2006—2010 年）、“十二五”规划（2011—2015 年）、“十三五”规划（2016—2020 年）。

（一）充分认识国家发展规划的重要地位和独特作用

编制和实施五年规划，是党领导组织和推动经济社会发展的重要方式，也是我国社会主义制度的一个独特优势。除了我国，世界上没有第二个国家能在六十多年间连续制定并实施十三个五年规划，这是中国道路成功的一个重要元素。国家发展规划之所以能够引领经济社会发展、发挥战略导向作用，既是由我国的制度优势决定的，也是由国家发展规划的功能定位和独特作用决定的。

1．国家发展规划为党的主张转化为国家意志提供重要途径

坚持党的领导是我国编制实施国家发展规划的重要经验。通过规范健全工作程序，国家发展规划确保党中央重大决策部署成为经济社会发展的宏伟蓝图、全国各族人民共同的行动纲领以及政府履行职责的重要依据。改革开放以来，中国共产党逐渐形成了通过召开全会研究制定五年规划建议的做法。从“七五”计划开始，党中央全会通过五年规划建议、国务院编制规划纲要草案、提请全国人大审查批准，成为五年规划的例行工作程序。“八五”计划在此基础上继续完善，逐步形成比较规范的五年规划工作程序，即首先分析预测国际国内经济环境，理清规划的基本思路，着重研究全局性、战略性重大方针政策问题；再进行主要经济指标的多方案平衡测算、考虑重大建设项目，形成规划的初步设想，向党中央、国务院汇报；在党中央全会通过建议后，根据建议精神编制规划纲要草案，提请全国人大审查批准。规划工作程序的规范和完善，有力推动了规划编制过程成为凝聚全民共识、统一行动意志的过程，并为把党的主张转化为国家意志提供了一条重要路径。

» 专栏 5-7

《“十三五”规划纲要》贯彻落实党中央建议精神

2015年召开的党的十八届五中全会，审议通过了《中共中央关于制定国民经济和社会发展第十三个五年规划的建议》（以下简称《建议》）。《建议》明确了“十三五”发展的指导思想、基本原则、目标要求、基本理念和重大举措，为编制《“十三五”规划纲要》指明了方向、提供了依据。

《建议》提出创新、协调、绿色、开放、共享的新发展理念，并指出牢固树立并切实贯彻新发展理念，是关系我国发展全局的一场深刻变革。《“十三五”规划纲要》深入贯彻落实新发展理念，用理念创新引领发展方式转变，并贯穿于发展的各领域和全过程。在谋篇布局、指标设置、战略任务、政策举措等方面，充分体现新发展理念的要求。在提出各领域发展任务和重大举措时，特别注重系统全面落实新发展理念。同时，把供给侧结构性改革作为贯彻落实新发展理念、适应把握引领新常态的发展主线，突出落实“五大政策支柱”，完成“去产能、去库存、去杠杆、降成本、补短板”五大重点任务的具体措施，加强风险防范，加快转型升级和提质增效步伐。

《建议》还提出全面建成小康社会新的目标要求。《“十三五”规划纲要》紧紧围绕全面建成小康社会目标，科学设置“十三五”发展目标指标，细化提出了经济保持中高速增长和迈向中高端水平、创新驱动发展成效显著、发展协调性明显增强、人民生活水平和质量普遍提升、国民素质和社会文明程度显著提高、生态环境质量总体改善、各方面制度更加成熟更加定型等主要目标，设置了经济发展、创新驱动、民生福祉、资源环境四大类主要指标，包括25个主要指标，其中约束性指标13个。

2．国家发展规划是保障国家发展战略实施的重要载体

国家发展规划坚持目标导向，将国家总体战略部署划分为若干不断递进的发展阶段，通过一个又一个的五年持续推进，有力推动了现代化“三步走”战略一张蓝图绘到底（见图5-3）。以全面建成小康社会为例，自党的十三大提出“三步走”战略部署、明确到2000年人民生活达到小康水平的目标，党的十五大至十九

大分别提出新的更高要求以来，国家发展规划通过“八五”至“十三五”6个五年的“接力”持续推进全面小康社会进程，保持了战略稳定性和政策连续性。此外，国家发展规划既是落实国家发展战略的平台，也是提出国家发展战略的载体，通过着眼国家长远和发展全局，提出一系列重大战略、重大理论创新成果，推动了相关领域发展。如“九五”计划鲜明提出“两个根本性转变”和“两大战略”，即由计划经济体制向社会主义市场经济体制转变，由粗放型经济增长方式向集约型经济增长方式转变，实施科教兴国战略和可持续发展战略，具有重要的全局意义。

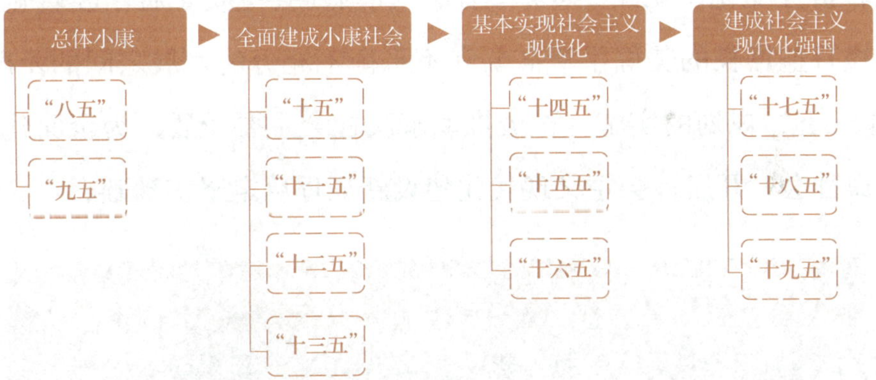

图 5-3 国家发展规划体现国家战略意图和经济社会发展蓝图

3. 国家发展规划是持续解决社会主要矛盾的重要手段

自党的十一届三中全会提出“我国所要解决的主要矛盾是人民日益增长的物质文化需要同落后的社会生产之间的矛盾”以来，国家发展规划通过聚焦不同时期我国社会主要矛盾的阶段性表现，明确具体的发展方向、发展思路、重点任务和重大举措，持续推动解决社会主要矛盾。“六五”和“七五”计划的实施，基本解决温饱问题，对缓解农产品和消费品匮乏发挥了积极作用；“八五”和“九五”计划的实施，使人民生活达到总体小康水平，对现代化建设前两步战略目标发挥了重要作用，特别是基础设施“瓶颈”制约得到较大缓解、粮食生产实现基本平衡；“十五”计划的实施，对我国经济结构的战略性调整产生重要影响，对外开放水平全面提升，外贸进出口总量增加了2倍，创改革开放以来最快纪录；“十一五”至“十三五”规划的实施，使我国经济实力、科技实力、国防实力、国际影响力又上了一个大台阶，经济社会结构呈现重大转折性变化（见图5-4）。当前，我国社会主要矛盾已经转化为人民日益增长的美好生活需要和不平衡不充分的发展之间的矛盾，“十三五”规划的实施，积极推动解决社会主要矛盾，为全面建成小康社会、开启社会主义现代化建设新征程奠定坚实基础。

	年均增长率	标志性成就
“六五”	10.7%	粮食和棉花产量大幅度增长，除粮、油外，基本取消票证，敞开供应
“七五”	7.9%	基本解决温饱
“八五”	12.3%	建立社会主义市场经济体制框架
“九五”	8.6%	人民生活总体小康，人均GDP迈入下中等收入国家行列，基础设施“瓶颈”制约得到缓解
“十五”	9.5%	GDP总量升至世界第四
“十一五”	11.2%	GDP总量升至世界第二，人均GDP迈入上中等收入国家门槛
“十二五”	7.8%	需求、产业、城乡、区域等结构出现转折性可喜变化

图5-4 改革开放以来国家发展规划取得的标志性成就

4．国家发展规划是平衡协调政府内外关系的有效抓手

国家发展规划通过以其为统领的规划体系和各级各类规划间内容的衔接协调，综合平衡政府内部关系、统筹协调中央和地方利益，将各部门、各地方的发展目标、发展任务、工作重点纳入国家发展全局予以考虑和安排，形成目标一致、步调统一的工作合力，有力推动上下左右各方、政府市场社会各界共同落实国家发展战略、促进改革发展。在规划体系构建上，初步形成了三级四类规划体系；在内容衔接上，初步形成了各类规划目标任务特别是约束性指标、发展方向、总体布局、重大政策、重大工程、风险调控等，以及各省级发展规划与国家发展规划进行衔接协调的工作机制，确保规划在不同领域和地区的有效落地。

5．国家发展规划是有效汇聚众智凝聚共识的重要平台

编制和实施国家发展规划的过程，本身就是集众智、汇众力、凝共识的过程。在多年的规划工作中，规划编制的衔接协调、公众参与、专家论证等制度逐渐形成，为各地方、各部门、各方面广泛参与国家经济社会事务提供了重要途径。国家发展规划根据党中央建议制定、经全国人民代表大会批准后向全社会公布实施，体现了党中央的执政理念，是党和政府对人民的庄严承诺，也是社会各方面共同遵循的行动指南，有助于调动各方面积极性、主动性、创造性，形成对经济社会发展的稳定预期。自“十五”计划开始，组织开展请全国人民建言献策活动，规划编制民主性和参与度不断提高。“十三五”规划编制期间开展的问计求策活动共收集到1.6万

多人次、3万多条意见建议，为规划编制提供了重要支撑，其中一些意见建议在规划《“十三五”规划纲要》中得到了充分体现。此外，通过规划向世界宣示中国的发展战略，也是国际社会了解中国、支持和参与中国发展的重要渠道。

（二）在改革创新中国家发展规划战略导向作用不断增强

我国实行以国家发展规划为基本框架的规划体制已经有六十多年的历史，在规划工作六十多年的实践中，随着经济体制和政府管理体制改革的不断深化，规划在性质、作用、内容及实施方式等方面一直处于调整变革之中。这些符合发展规律的改变和探索创新，使国家发展规划始终能够贯彻落实党和国家的战略目标，引领经济社会发展，更好发挥国家发展规划的战略导向作用。

1. 对国家发展规划性质的认识在不断深化

第一，规划不仅是指导性的，也是约束性的。在计划经济下，计划规划是指令性的，目标指标必须认真贯彻、严格执行，主要内容只是单纯的经济计划，“一五”到“五五”五个五年计划均是如此。改革开放后的“六五”计划，拓展为经济社会发展计划。社会主义市场经济的改革目标提出后，规划的指导性、预测性加强。随着规划工作实践的深入，逐步认识到，在市场经济条件下也有一些规划是必须执行或实施的，关键要看是哪些领域的规划、规划中的哪些内容。比如规划中的节能减排指标、各类空间规划等，以及涉及公共利益和可持续发展等方面的规划都应该带有约束力和执行力。

第二，规划不仅是安排时间的，也是安排空间的。过去曾认为，规划只是安排在一定时期做些什么、怎样做和做到何种程度。但随着实践的深化逐渐认识到，规划也应该明确在何处做、在什么空间做，不仅要安排做事的时序，也要安排做事的空间，即规划具体的时空。因此，从“十一五”开始，把规范国土空间开发纳入发展规划的重要内容，推动形成主体功能区理念和主体功能区规划，构建出“两横三纵”城市化战略格局、“七区二十三带”农业战略格局、“两屏三带”生态安全战略格局。

第三，规划不仅是促进增长的，也是规范增长的。多数规划是促进增长的，属于鼓励、动员、激励性的，但也有些规划是约束增长的。约束一时一地的增长，是为了可持续地健康发展。

2. 国家发展规划的内容持续改革创新

第一，基于对规划对象和性质认识带来的规划名称改变。六十多年的规划历程中，国家发展规划的名称有过两次重大改动。第一次改变是改革开放后编制的第一个五年规划，即“六五”计划，基于对经济与社会协调发展重视程度的大幅提升，将以往的国民经济发展五年计划改名为国民经济和社会发展五年计划，并将社会发展计划单独成篇对包括人口、劳动就业、居民收入和消费、城乡建设、社会福利、文化、卫生、体育、环境保护、社会秩序等各个方面进行计划安排。第二次改变是“十一五”规划，即将以往延续了十个五年计划的名称改为五年规划，最主要的原因是我国已初步建立社会主义市场经济体制，市场已经开始在资源配置中发挥基础性作用，将计划改变为规划，准确体现了社会主义市场经济条件下中长期规划的功能定位，反映了我国发展理念、经济体制、政府职能的重大变革。

第二，基于对规划功能再认识带来的规划内容变化。计划经济时期，计划规划是指令性的，目标指标是必须完成的。随着计划经济向市场经济的转轨，规划逐步由指令性规划向指导性规划转变，规划指标也更加注重预测性和指导性。随着实践的深化，特别是经过“十五”计划中期评估，逐渐认识到规划要实用管用，不仅仅应该是战略性、宏观性、政策性的，还应该兼具指导性和约束性功能，包括对空间开发的指导和约束，也包括对政府自身行为的约束。因此，从“十一五”规划开始，把规范国土空间开发纳入规划的重要内容，推动形成主体功能区理念和主体功能区规划，构建了城市化、农业和生态安全战略格局。

第三，基于对规划抓手重要性认识带来的规划形式创新。国家发展规划是综合性、纲领性的规划，内容系统而全面，如何做到眉清目秀，也是规划工作者需要持续探索创新的问题。从“十一五”开始，改变了规划就是文字叙述的固定格式，首次采取“正文＋专栏”的形式。这样，既可以使正文的表述更加简洁，也使规划指标、重点工程等有关内容更加突出、清晰，一目了然，同时也有利于凸显落实规划的抓手，这种表达形式已越来越被社会认同。同时，还将规划指标区分为预期性和约束性两种类型（见图 5–5），预期性指标主要是依靠市场主体的自主行为实现的，约束性指标是在预期性基础上进一步明确并强化政府责任的指标，是政府在公共服务和涉及公共利益领域的工作要求，必须不折不扣地完成。“十三五”规划纲要草案在提请“两会”代表审查时，首次编写了图文并茂的解释材料，内含“十二五”时期经济社会发展成就、“十三五”时期经济社会发展主要指标、重大举措和名词解释等内容，在纲要公开发布后，解释材料也正式出版发行，为公众更好理解规划内容提供了很大帮助。

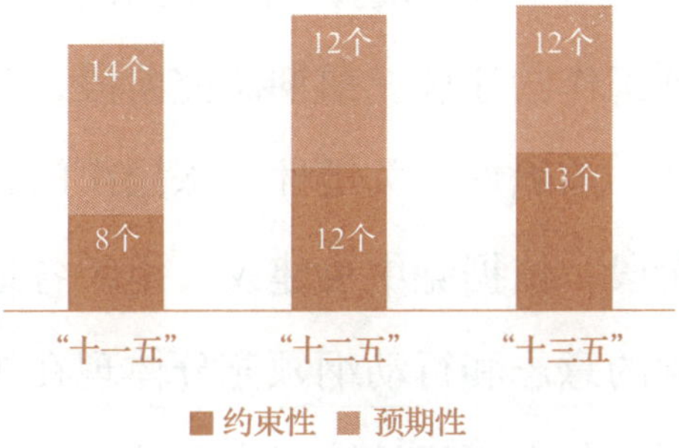

图 5–5 国家发展规划中约束性和预期性指标数量

3. 国家发展规划的编制程序日益规范

只有程序规范，才能编制出高质量的规划。在实际工作中，逐步探索形成了包括中期评估、前期研究、编制草案、规划衔接、听取意见、审议批准、公开发布七道程序，明确了每道程序的具体要求，目的在于以程序的规范保障规划内容的科学。要进一步规范编制程序，提高规划编制科学化、民主化、法治化、规范化水平，确保规划实用管用（见图 5–6）。

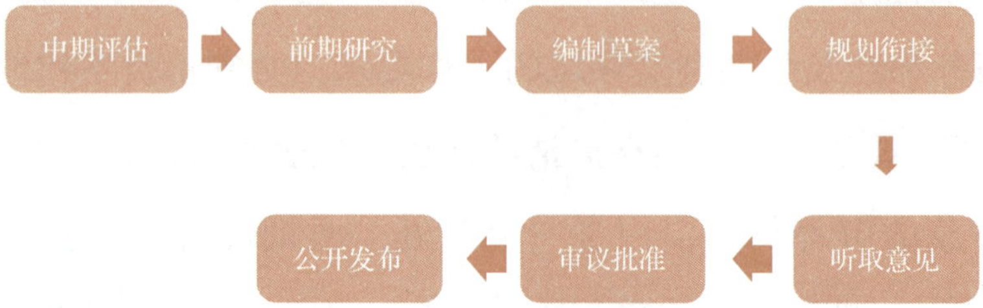

图 5–6　规划编制程序

对于规划中期评估，既要评估规划内容的实施情况，也要及时发现规划编制中可能存在的问题；既要提出推进规划实施的建议，也要提出改进规划工作的建议。前期研究阶段，主要是聚焦经济社会发展中的全局性、前瞻性、关键性、深层次问题，组织开展深入研究。编制草案阶段，依据党中央建议，组织各地方各部门研究起草规划草案，将党的意志和行动纲领充分体现在规划草案中。征求意见阶段，广泛听取各方面意见建议，坚持开门编规划，面向全社会开展问计求策活动。审议批准阶段，规划草案经党中央、国务院审定后，提请全国人民代表大会审查批准。公开发布，向全社会公开发布规划并宣传解读。

下一步，应进一步严格规划编制程序，建立健全规划起草、衔接、论证、审批、发布等制度。规范规划编制工作方案，重点明确编制依据、进度安排、衔接要求、论证方式和审批机关等。按规定程序做好规划征求意见和内容衔接等工作。在规划编制过程中，要持续深化重大问题研究论证，拓展规划前期研究广度和深度，深入研究国民经济和社会发展重大问题，科学研判发展趋势和阶段性特征，准确把握突出短板和发展方向，研究提出基本思路和解决方案，并加强规划内容多角度论证和多方案比选，科学测算规划目标指标并做好平衡协调，深入论证重大工程、重大项目、重大政策实施的必要性、可行性和效果影响，为规划编制提供重要理论支撑。

4．国家发展规划的实施机制在探索实践中逐步完善

健全完善的实施机制，是规划落地见效的重要保障。国家发展规划的实施机制在探索实践中逐步完善，从“十五”开始经过3个五年规划实践，到2016年中共中央办公厅、国务院办公厅印发《关于建立健全国家“十三五”规划纲要实施机制的意见》，初步建立起了系统完整的实施机制。其中，对规划实施的监测评估是关键环节。这项工作从“十五”计划中期评估开始、经历国务院建章立制、“十一五”期间纳入全国人大立法，再到“十二五”开展总结评估、再到“十三五”开展年度监测评估，形成了规划监测评估的全生命周期，对推动规划实施发挥了至关重要的作用（见图5-7）。此外，从“十三五”开始，还探索形成了规划中明确的重大工程推进机制。

下一步，按照谁牵头编制谁组织实施的基本原则，应进一步落实规划实施责任，完善监测评估，强化分类实施，提升规划实施效能。

理论探索

- 《关于规划体制改革的若干意见》（2002年）

——针对重编制、轻实施的突出问题，必须创新规划实施机制，建立规划评估制度

开展实践

- 国务院印发《“十五”计划纲要实施中期评估报告》（2003年）

——评估发现，与《纲要》提出的发展方向有5个明显偏差

——针对这些偏差，提出了树立以人为本的新发展观等建议。为科学发展观的研究，提供了基本思路

建章立制

- 国务院印发《关于加强国民经济和社会发展规划编制工作的若干意见》（国发〔2005〕33号）

——实行规划评估制度

——适时对规划进行调整修订

法定程序

- 《中华人民共和国各级人民代表大会常务委员会监督法》（2007年）

——第二十一条：国民经济和社会发展五年规划经人民代表大会批准后，在实施的中期阶段，人民政府应当将规划实施情况的中期评估报告提请本级人民代表大会常务委员会审议

总结评估

- 2014年，国务院要求对“十二五”规划落实情况进行总体评估，为编制好“十三五”规划奠定坚实基础
- 2015年5月，首次启动“十二五”规划实施情况总结评估

监测评估

- 中共中央办公厅 国务院办公厅印发《关于建立健全国家“十三五”规划纲要实施机制的意见》（中办发〔2016〕65号）

——建立年度监测评估机制

——2016、2017年，分别开展了两次“十三五”规划实施年度监测评估

图5-7 规划评估和实施机制的建立

第一，加强规划实施评估，在已有工作基础上，进一步健全“年度监测分析—中期评估—总结评估”的规划评估体系，鼓励开展第三方评估，结合国内外发展环境的新变化新要求，重点评估实施进展情况及存在问题，提出推进规划实施建议，强化监测评估结果应用。

第二，健全规划动态调整和修订机制，强化规划权威性、严肃性，不随意调整更改各类规划，经评估确需对规划进行调整修订时，应按照新形势新要求调整完善规划内容，并严格按程序进行审

查批准。

第三，完善规划实施监督考核机制，应及时公布实施进展，自觉接受人大监督、审计监督和社会监督。完善法律法规，加快出台发展规划法，将行之有效的经验和做法以法律形式固定下来。

第六节

科学编制好“十四五”规划

“十四五”时期是具有特殊意义的历史时期，是我国全面建成小康社会、实现第一个百年奋斗目标之后，乘势而上开启全面建设社会主义现代化国家新征程、向第二个百年奋斗目标进军的第一个五年。科学编制好“十四五”规划，持续引领推动经济社会持续健康发展，意义重大而深远，使命艰巨而光荣。

一、国家发展规划的编制要求

研究编制“十四五”规划，必须科学把握规划编制的总体要求和基本方法，努力编制出一部符合人民意愿、富有时代特征、开启社会主义现代化建设新征程的高质量规划。

（一）国家发展规划编制的基本原则

编制实施“十四五”规划，必须加强前瞻性思考、全局性谋划、战略性布局、整体性推进，实现发展规模、速度、质量、结构、效益、安全相统一。要坚持改革创新、与时俱进，谋划好经济社会各领域发展的目标任务和战略举措。编制时，要注意把握好以下原则：

1．坚持目标导向和问题导向相统一

编制“十四五”规划，要锚定到2035年基本实现社会主义现代化，突出目标导向；聚焦发展不平衡不充分表现与深层次原因，突出问题导向；聚焦提高发展质量效益和满足人民对美好生活新期待，突出结果导向。既从现代化建设目标倒推，厘清到时间节点必须完成的任务，又从迫切需要解决的问题顺推，明确破解难题的途径和办法。要着眼我国未来5年乃至更长远的发展，立足发挥优势、利用机遇，着重强化弱项、补齐短板，积极主动、未雨绸缪，见微知著、防微杜渐，做好应对任何形式的矛盾风险挑战的准备。

2．坚持面向国内和全球视野相统筹

“十四五”时期，世界百年未有之大变局加速演变和我国社会主义现代化建设新征程开局起步相互交融，我国发展环境将发生深刻变化。要深刻把握国际国内发展基本走势，把所处的国内外发展环境和条件分析透，把前进的方向和目标理清楚，把面临的机遇和挑战搞明白，坚持立足优势、趋利避害、积极作为，下好先手棋，

打好主动仗。既以新理念新思路新举措主动适应和积极引领经济发展新常态，又从全球经济联系中进行谋划，重视提高在全球范围配置资源的能力。

3．坚持全面规划和突出重点相协调

“十四五”规划要统筹推进“五位一体”总体布局，协调推进“四个全面”战略布局，既要以战略眼光谋划经济社会发展全局，又要突出发展重点，对薄弱环节和滞后领域进行集中攻关，提出可行思路和务实举措。要注重抓主要矛盾和矛盾的主要方面，注重抓重要领域和关键环节，努力做到全局和局部相配套、治本和治标相结合、渐进和突破相衔接，实现整体推进和重点突破相统一。

4．坚持战略性和操作性相结合

编制“十四五”规划既要强调宏观性、战略性、指导性，针对关系全局、事关长远的问题明确大思路、提出大战略，又要聚焦突出问题和明显短板，找准突破口，排出优先序，提出有针对性、可操作的重大举措，做到虚实结合。要遵循规律、注重质量，坚持实事求是，对主要目标和重点任务深入研究、反复论证、科学评估。要统筹兼顾、综合平衡，协调好各领域政策和资源，避免各方同时同向发力产生共振风险。

（二）国家发展规划编制的基本要素

国家发展规划的框架和基本要素一般包括环境和发展条件分析、指导方针和总体思路、目标指标、主要任务、“三个重大”、

规划实施等。一个科学的规划，必须从国情实际出发，遵循自然规律、经济规律、社会规律，立足全局和长远战略，准确把握发展大势和阶段性特征，研究提出切实可行的发展目标，聚焦解决发展难题，明确重点任务举措，这样才能更有生命力、更好指导经济社会发展实践。

1. 深入研判内外环境和发展条件

正确分析发展环境，把握国内外发展大势，是制定好规划的前提。规划的第一部分一般是环境分析，主要回顾上一个五年发展成就，论述发展基础，分析面临的形势和存在的问题，预测未来五年的发展趋势。如“十三五”规划的第一章发展环境指出“十三五”时期是全面建成小康社会的决胜阶段，世界经济在深度曲折中复苏，国内经济长期向好的基本面没有改变，但提质增效、转型升级的要求更加迫切，经济发展进入新常态。

“十四五”时期，外部环境可能更加复杂，不确定性和挑战更多，我国正处在转变发展方式、优化经济结构、转换增长动力的关键时期，人民对美好生活有更多期盼。要统筹把握好中华民族伟大复兴的战略全局和世界百年未有之大变局，认真分析国际发展环境，准确把握国内经济社会发展的趋势性特征，突出底线思维，增强忧患意识，重点研判可能面临的重大风险挑战，充分挖掘自身优势，在挑战中寻找机遇、创造机遇，维护用好发展的战略机遇期。

2. 认真谋划总体发展思路

发展思路是在对国内外发展环境和发展趋势分析判断的基础

上，提出的未来五年发展的指导思想、主要原则、主题主线等总体思路，是国家战略意图的具体体现。从“九五”计划开始，我们就强调推动经济增长方式从粗放型向集约型转变；“十五”计划突出把发展作为主题、把结构调整作为主线；“十一五”规划提出以科学发展观统领经济社会发展全局；“十二五”规划提出以科学发展为主题，以加快转变经济发展方式为主线；“十三五”规划提出创新、协调、绿色、开放、共享的发展理念。这些总体思路，对指导经济社会发展发挥了重要的导向作用。

编制好“十四五”规划，要坚持以习近平新时代中国特色社会主义思想为指导，着眼全面建设社会主义现代化国家，立足我国基本国情和发展阶段，坚持发展第一要务，突出推动高质量发展、保持经济持续健康发展，突出以人民为中心的发展思想，突出以改革创新破解发展难题，实事求是、遵循规律，着眼长远、统筹兼顾，提出“十四五”时期发展目标、工作思路、重点任务，给社会良好预期，激励全国上下努力奋进。

3．科学制定目标指标

规划目标集中体现了发展导向和需要达到的发展水平。发展目标包括定性描述和定量指标。不同发展时期，目标指标的性质不同。计划经济时期，五年计划是指令性的，指标也是指令性的，以产品产量和建设规模的指标为主；在计划经济向社会主义市场经济过渡时期，计划是指导性的，指标主要是预测性的；在社会主义市场经济体制下，规划是宏观性、战略性和政策性的，指标既有预期性的也有约束性的。如“十三五”规划紧扣全面建成小康社会目标要求，提出七方面主要目标，设置了经济发展、创新驱动、民生福祉、资源环境四大类、25个主要指标。这些目标指标充分体现了新发展理念和以人民为中心的发展思想，体现了以提高发展质量和效益为中心的导向。设立明确的发展目标指标，起到了提振信心、汇聚民意、促进共同奋斗的作用。

谋划“十四五”规划的目标，要按照总体安排，统筹做好2025年、2035年和2050年发展目标的衔接。指标设定要突出现代化目标导向和发展不平衡不充分的问题导向，与基本国情、发展阶段、客观规律、社会期待相契合，体现以人民为中心的发展思想和高质量发展要求，同时加强与“十三五”规划目标、高质量发展综合绩效评价指标体系等的衔接。既要科学前瞻、尽力而为、激励人心，给社会以良好预期，又要坚持实事求是、量力而行、留有余地。指标测算应充分运用模型工具，采用大数据等手段辅助决策，确保目标指标科学合理。

4. 精准谋划重大任务

重大任务举措是规划内容的主体，是实现规划目标的路径和抓手。计划经济时期，主要任务是要完成工农业生产指标和基本建设投资。在计划经济向社会主义市场经济过渡时期，主要任务是保持社会总需求与社会总供给基本平衡，扭转农业与工业、基础工业与加工业比例失调，增加国家财政收入、保持合理信贷规模等。在社会主义市场经济体制下，任务更加丰富，如优化工业结构、加强基础设施建设、完善社会主义市场经济体制、推进新型城镇化、促进区域协调发展等。“十四五”规划要围绕总的目标要求，加强研究事关国家长远发展的大战略，协调跨部门跨行业的大政策，跟踪分析经济运行的大趋势，推动具有全局性影响的跨区域大项目，提出一批关键性任务和创新性举措，统筹谋划各领域发展重点任务，为全面建设社会主义现代化国家开好局、起好步。

5．研究提出“三个重大”

重大政策、重大改革开放举措、重大工程和项目是规划重大任务的主要组成部分。特别是重大工程项目，这是规划实施的重要支撑和抓手。“一五”计划提出了集中力量建设苏联帮助我国设计的156个项目，到1957年底，有135个已施工建设，为我国建立独立完整的工业体系、实现社会主义工业化奠定了初步基础。《“十三五”规划纲要》提出了165项重大工程项目，作为规划实施的重要抓手，突出虚实结合，在实施过程中又拆分细化为770余条具体任务，建立实施台账，明确主体责任、时间节点，构建纵横联动的推进机制，定期监测、分类施策予以推进，确保以重点推进带动规划的全面实施。

要认真谋划“十四五”时期经济社会发展的重要支撑，围绕推动经济发展、增进人民福祉、防范化解风险等，研究推出一批重大政策。要继续创新和完善宏观调控，在区间调控基础上加强定向调控、相机调控和精准调控。要不断完善基本公共服务体系，切实保障和改善民生，增强群众获得感。要加强重大风险防控，推动在发展中逐步化解各种风险隐患。要加强政策的协调配合，实现政策组合最优化、政策效应最大化，解决过去有些规划目标与政策工具不协调问题，做到规划定方向、政策作保障。

要围绕增强发展内生动力、激发市场活力，研究推出一批重大改革开放举措，尤其要按照厘清政府和市场、政府和社会关系的要求，聚焦突出矛盾和关键环节，在深化"放管服"改革、打造市场化、法治化、国际化的一流营商环境上取得更大进展，充分释放市场活力和社会创造力。

要围绕补短板、促升级、增后劲、惠民生，研究推出一批重大工程和项目。推进重大工程项目，不仅要注重提升基础设施水平，还要注重增强产业创新力和竞争力、促进改善生态环境、提高人民群众生活水平，更加注重发挥社会力量作用（见图 5-8）。

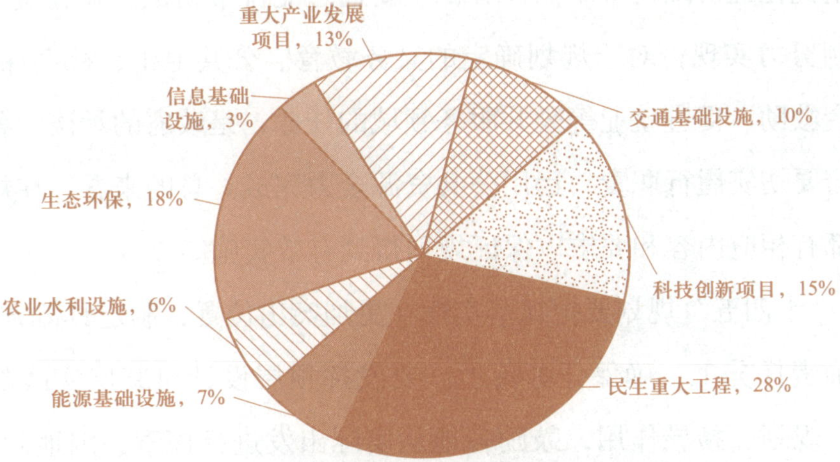

图 5-8 "七五"以来重大工程包的领域分布

6. 强化规划实施保障

规划蓝图只有落地实施，才能转化为发展实效。在不同发展阶段，规划中“规划实施”部分的内容和要求也不同。在计划经济时期，计划实施主要依靠政府力量，通过党的号召、计划安排、工作部署和政策支撑，确保计划得到实施。在社会主义市场经济体制下，规划的实施主要依靠制定实施年度计划、完善各项政策、分解约束性指标、安排政府投资、编制实施专项规划和区域规划等方式，保障规划目标任务得到落实。这就要求规划内容要更加明确，对规划实施要提出具体要求。比如“十一五”规划指出，对于规划提出的农业、工业、服务业等的发展方向，利用外资、对外贸易等的发展重点，是对市场主体的导向，主要依靠市场主体自主行为实施；对于规划确定的保持经济平稳较快发展、转变经济增长方式、调整优化经济结构等重点任务，主要通过完善市场机制和利益导向机制努力实现；对于规划确定的义务教育、公共卫生、社会保障、社会救助、促进就业等公共服务领域的任务，是政府的承诺，各级政府要切实履行职责，运用公共资源全力完成。总的来看，在规划中都有相应内容和要求以保证规划得到有效实施。

“十四五”规划要把抓落实摆在更加突出位置，制定具体方案，明确责任分工，确保任务落地。要发挥顶层设计对基层实践的引领、规划、指导作用，鼓励各地从实际出发进行探索，因地制宜，把握好政策界限范围、尺度和节奏。要进一步建立健全规划实施机制，落实规划实施责任，完善监测评估，强化分类实施，健全动态调整和修订机制，完善实施监督考核，加快发展规划立法，提升规划实施效能。

二、其他各类规划的编制要求

编制"十四五"规划不仅包括国家发展规划，还包括整个规划体系。各类规划必须加强协同性，做到同步部署、同步研究、同步编制，才能形成统一的规划体系、发挥规划合力。对国家发展规划的要求同样适用于其他类型规划，在满足国家发展规划基本要素基础上，各类规划还应更好体现其功能定位和规划特点。

（一）专项规划的编制要求

专项规划要细化落实发展规划对特定领域提出的战略任务，是指导特定领域发展、布局重大工程项目、合理配置公共资源、引导社会资本投向、制定相关政策的重要依据，原则上限定于关系国民经济和社会发展全局且需要中央政府发挥作用的市场失灵领域。"十四五"时期，要紧紧围绕国家"十四五"规划纲要提出的战略目标和任务，聚焦需要政府履行职责的重点领域，着力解决"十四五"时期经济社会发展相关领域的主要矛盾和突出问题，研究编制一批重点专项规划。

1．专项规划的总体要求

一是充分论证规划编制的必要性。专项规划重在"专"，要聚焦重点特定的任务，充分体现时代特征和要求，合理界定政府与市场关系，不能追求面面俱到。专项规划可以区分重点和一般，并不是所有领域都需要编制专项规划。

二是增强针对性和操作性。专项规划必须符合总体规划确定的发展方向和原则，深化和落实总体规划的战略、目标和任务。要体现本领域特点，发展目标要尽可能量化，做到任务明确、重点突出、布局合理、保障措施可行。

三是合理确定规划期。专项规划的规划期可分为两类，一类是与国家发展规划相配套的专项规划，主要是对特定领域目标任务的细化延伸；一类是规划期相对灵活的专项规划，有些需要长远谋划或涉及空间布局领域的规划可能长于五年，要根据规划对象的特点和任务科学合理界定。

2. 专项规划的基本要素

一是发展基础。主要总结评估本领域的发展基础、发展程度等现状，总结近年来采取的措施及取得的成就。

二是形势分析。主要包括国内外发展环境变化情况和本领域发展趋势判断，研判当前存在的主要矛盾、面临的机遇和挑战，提出编制该专项规划的必要性和重要意义等。

三是总体要求。包括指导思想、基本原则、主要目标指标等。在发展基础和形势分析基础上，确定本领域发展的主要目标，建立由速度、规模、结构等指标构成的指标体系，并区分约束性和预期性指标。

四是重点任务。主要针对本领域发展目标及目前存在的薄弱环节，确定在规划期内可能取得创新和突破的方面，提出各子领域发展的分项目标、重点任务和时间安排。

五是空间布局。主要提出空间布局方面的任务。例如，重大基础设施建设类、重要资源开发利用类专项规划主要明确设施建设、资源开发的战略节点、骨干线网布局；生态环境保护类、需要国家调控或扶持的关键领域主要明确分区域发展重点。

六是重大项目。主要明确保障目标任务实现的重大工程、重大项目及具体内容，主要集中在重大基础设施建设类、重要资源开发利用类、生态环境保护类，以及国防、公共安全、科技创新、社会事业和公共服务体系建设类规划。

七是保障实施。主要是提出保障规划任务顺利实施的政策措施和体制机制等，包括完善法律、行政法规、标准的方向和重点，财政、金融、土地、产业、投资等各类配套政策举措，组织领导、责任主体、队伍建设、监测评估、考核评价等实施机制建设。

（二）区域规划的编制要求

区域规划要细化落实国家发展规划对特定区域提出的战略任务，是指导特定区域发展、制定相关政策以及编制区域内发展规划、专项规划的重要依据。“十四五”时期，区域规划要围绕深入实施国家重大区域发展战略，聚焦区域发展不平衡不充分的突出问题，重点协调解决跨行政区划、跨流域的重大问题，更好体现战略指导、地域特色、特定目的和系统综合性。

1．区域规划的总体要求

一是统筹兼顾。要从我国基本国情和所在区域的实际情况出发，建立“全国一盘棋”的框架思维，将区域放到以市场为纽带的更大区域范围的经济大系统中考虑，抓准本地比较优势，同时与周边区域规划相互衔接，避免产业结构趋同、重复建设和同质竞争。

二是突出重点。要以区域内亟须解决的重大问题为导向，针对特定区域、特定时段、特定背景的要求，设定有限的目标、可操作性强的路径，不要面面俱到。

三是动态调整。区域规划具有较强的时代属性，区域经济发展不同时期面临的任务不同，规划中提出的近期、中期、远期发展目标指标相对发展规划来说有更大的弹性，要通过及时评估、动态调整，促进区域经济实现较长时期的相对均衡发展。

2．区域规划的基本要素

一是提出发展方向。遵循发展规划的总目标和区域发展战略布局，对全国、本区域和区域周边地区经济发展形势进行预测分析，对外部环境和发展大局有正确认识，对区域自身的优势和劣势、机遇和挑战、资源和缺陷等有准确的掌握，从而提出区域发展的功能定位和战略目标，并结合区域实际，明确各行政区之间的协调机制，提出参与国际竞争的路径选择等。

二是合理谋划空间。在充分考虑资源环境承载能力等条件和劳动力、资本、土地等资源禀赋前提下，划定区域发展的“三区三线”，对区域内各市县的城市、工业、农业、旅游区、生态保护区、基础设施、休闲娱乐和公共服务设施等各种功能区在空间上进行划分，明确各类区域空间结构、土地使用和开发建设的基本原则，同时对远期利用作出展望和安排。

三是确定产业布局。结合区域产业结构、产业特点、地域分工状况、产业竞争力和未来发展趋势，确定各功能分区主导产业的发展方向、重点企业培育和集群构建、产业发展的政策环境设计、重点项目布局的基本原则和具体方案。

四是布点基础设施。对交通运输、邮电通信、给排水、供电供气、能源仓储等生产性基础设施和商业服务、文化教育、医疗卫生、金融贸易、园林绿化等社会性基础设施进行现状分析，并根据人口和经济社会发展要求，预测未来对各种基础设施的需求量，按照区域化、生态化、网络化原则，合理确定各种设施的数量、等级、规模及空间分布。

五是明确环保策略。要统筹考虑区域发展和环境保护的关系，深入分析不同板块经济与环境发展形势，剖析资源环境问题产生的深层次原因，以经济社会发展为基础，以环境容量和生态功能区划为重要依据，研究提出差别化的生态环境保护策略。

六是提出区域政策。要科学制定区域的产业、财政、税收、土地、开放等宏观政策，并提出更符合发展要求的用工、物流、价格、人才等具体政策。

（三）空间规划的编制要求

空间规划要细化落实发展规划提出的国土空间开发保护要求，为发展规划确定的重大战略任务落地实施提供空间保障。同时，要按照党中央、国务院决策部署要求，将主体功能区规划、土地利用规划、城乡规划等空间性规划融合为统一的国土空间规划，推进“多规合一”。

1．空间规划的总体要求

一是提高科学性。要充分体现国家意志和国家发展规划的战略性，在资源环境承载能力和国土空间开发适宜性评价的基础上，科学有序统筹布局生态、农业、城镇等功能空间，划定三条控制线以及各类海域保护线，坚持山水林田湖草生命共同体理念，加强生态环境分区管治，推进生态系统保护和修复。

二是加强协调性。要强化国家发展规划的统领作用，强化国土空间规划的基础作用。国土空间总体规划要统筹和综合平衡各相关专项领域的空间需求，加强部门合作、上下联动，推动区域协调发展、城乡融合发展、陆海统筹发展，形成“一本规划一张蓝图”。

三是注重操作性。明确规划约束性指标和刚性管控要求，同时提出指导性要求。制定实施规划的政策措施，提出下级国土空间总体规划和相关专项规划、详细规划的分解落实要求，健全规划实施传导机制，确保规划能用、管用、好用。

2. 空间规划的基本要素

一是战略目标。要落实国家发展规划要求，根据自然资源禀赋、经济社会和城镇化发展阶段以及人口消费等变化趋势，分析风险问题、研判发展趋势，制定国土空间开发保护总体战略目标，从空间管控、资源配置、保护修复等方面提出分阶段规划指标。

二是空间格局。统筹确定生态保护红线、永久基本农田、城镇开发边界等空间管控边界和海洋保护利用控制线总体格局、重点区域规模。沿海省份要明确海洋功能区的空间布局、开发保护重点、发展时序和无居民海岛功能定位。

三是资源配置。要统筹各类自然资源和能源保护与利用，明确开发利用的总量、结构和时序，严格重要生态空间的特殊管控，对永久性基本农田实行特殊保护。

四是国土综合整治和生态修复。要遵循山水林田湖草生命共同体理念，注重统筹陆海、城乡空间以及流域上下游，坚持自然恢复为主，明确生态保护修复的目标、任务、重点区域和重大工程，制定具体行动计划和进度安排，实现国土空间生态整体保护、系统修复和综合治理。

五是实施保障。要根据不同主体功能定位，制定差异化的指标体系、配套政策和考核机制。细化三条控制线管控细则，严格空间准入、用途转换，实现分级分类管控。完善自然资源资产产权、自然生态空间用途管控、国土空间开发保护等制度。

（四）地方规划

省级和市县级规划体系与国家发展规划体系基本一致，具体编制原则和要素可参照国家发展规划和其他各类规划。在规划内容上，既要落实国家战略意图，与国家发展规划和国家级专项规划、区域规划、空间规划充分衔接，与相邻地区的规划做好协调，又要结合当地实际，体现自身特点和特色，体现地方发展需要，因地制宜指导发展。

1. 地方发展规划

地方发展规划是国家发展规划的落实，要确定本地区未来五年经济社会发展的战略方向、基本目标和要解决的重大问题及更长时期内发展思路，包括本地区经济社会发展目标指标，产业结构优化升级方向，科技、人口、资源能源等要素配置方式，各项改革推进落实，生态环境保护和保障改善民生具体要求，国家重大项目在本地区的布局和配套建设等内容，既要体现全国经济社会发展的战略方向，又要体现地方发展潜力和条件。

2. 地方专项规划

地方专项规划是各地方及有关部门指导制定各领域发展、审批或者核准重大建设项目、安排财政支出预算、制定相关政策的依据，主要应聚焦本地公共服务、基础设施等领域建设。从编制层级看，省级基本和国家保持同步，市级各不相同，县级除了少数经济比较发达的县级市应根据当地经济社会发展情况并结合上级五年规划要求编制专项规划外，其余基本不编制专项规划。

3. 地方区域规划

地方区域规划是针对省（区、市）内某个特定的、跨行政区的区域编制的规划，是使地区生产力合理布局、各项建设事业协调发展的重要手段。要更加关注宏观性、全局性和单一城市无法解决的重大问题，对区域内各系统进行全面考虑，对经济社会各部门进行统筹安排。

4. 地方空间规划

地方空间规划要从空间上落实国家、地方发展规划和国家重大区域发展战略要求。编制时要坚守底线绿色发展，提升国土空间利用质量和效益；要整合主体功能区规划、国土规划、城乡规划、土地利用总体规划等，推进“多规合一”；要以人为本推动高质量发展，促进生产空间集约高效、生活空间宜居适度、生态空间山清水秀；要立足本地区实际、突出地域特色，避免“千城一面”，提升空间规划现代化水平。

后记

本丛书由国家发展改革委党组书记、主任何立峰同志担任编委会主任，党组成员、副主任宁吉喆、胡祖才同志担任编委会副主任，政研室、规划司会同综合司、宏观院牵头编写，办公厅、运行局、体改司、投资司、外资司、地区司、振兴司、开放司、农经司、基础司、产业司、高技术司、环资司、社会司、就业司、经贸司、财金司、价格司、法规司、国际司、人事司、国防司、评督司、机关党委、信息中心等司局和单位参加。

参与本书起草和修改工作的主要有：国家发展改革委政研室袁达、孟玮、韩振海、赵怀勇、杨特、李玉举、张志强、林楠、张路鹏、杨云超、刘照、杨青、何杰锋、王璨琦、徐豪熠、雷荣林、毛毛、孙亮、李志鸿、李高子、李玥，国家发展改革委规划司陈亚军、张建民、明晓东、相伟、徐策、张俏、赫胜彬、陆江源、谷宇辰、王莉、王海飞、孙强、魏倩、梁一雷、石彪，国家发展改革委综合司严鹏程、李慧、丁琳、赵琨、张越、王宝林、童熔、黄万鹏、贺钟慧，国家发展改革委宏观经济研究院王昌林、吴晓华、孙长学、杜飞轮、刘现伟、杨长湧、卞靖、王明姬、顾严、盛朝迅、陈曦、李清彬、张铭慎、易信、金瑞庭、原倩。何成、陈启清、韩保江、许先春、郭如才、闫茂旭、周南、杨萍、杨禹等同志对本书提出了宝贵意见。中国计划出版社周昌恩、朱冰、康媛媛和国家信息中心董静媚对书稿进行了编辑加工整理。

谨对所有给予本书帮助支持的单位和同志表示衷心感谢。由于编撰时间较紧，书中不足之处，敬请批评指正。

丛书编写组

2020 年 8 月

学习贯彻习近平新时代中国特色社会主义经济思想
做好“十四五”规划编制和发展改革工作

| 系列丛书 |